CATALOGUE

DE

LIVRES SUR LES BEAUX-ARTS

(PEINTURE, SCULPTURE, ARCHITECTURE, GRAVURE, ETC.)

LA NUMISMATIQUE ET L'ARCHÉOLOGIE

Dont la vente aura lieu le vendredi 28 mars 1873 et jours suivants
à 7 heures et demie du soir

Rue des Bons-Enfants, 28 (maison Silvestre)
SALLE N° 1

Par le ministère de Mᵉ DELBERGUE-CORMONT, commissaire-priseur
Rue de Provence, 8

PARIS
ADOLPHE LABITTE
LIBRAIRE DE LA BIBLIOTHÈQUE NATIONALE
4, rue de Lille, 4

1873

Paris. — Imprimerie Georges Chamerot, rue des Saints-Pères, 19.

CATALOGUE

DE

LIVRES SUR LES BEAUX-ARTS

LA NUMISMATIQUE ET L'ARCHÉOLOGIE.

ORDRE DES VACATIONS.

PREMIÈRE VACATION. — *Vendredi* 28 *mars* 1873.

N° 1 à 184.

DEUXIÈME VACATION. — *Samedi* 29 *mars*.

185 à 342.

TROISIÈME VACATION. — *Lundi* 31 *mars*.

343 à 506.

CONDITIONS DE LA VENTE.

La vente est faite au comptant.

Il y aura exposition des livres chaque jour de vente de DEUX heures à QUATRE.

Les acquéreurs payeront, en sus du prix d'adjudication, cinq centimes par franc, applicables aux frais.

Paris. — Typographie de Georges Chamerot, rue des Saints-Pères, 19.

CATALOGUE

DE

LIVRES SUR LES BEAUX-ARTS

(PEINTURE, SCULPTURE, ARCHITECTURE, GRAVURE, ETC.)

LA NUMISMATIQUE ET L'ARCHÉOLOGIE

Dont la vente aura lieu le vendredi 28 mars 1873 et jours suivants
à 7 heures et demie du soir

Rue des Bons-Enfants, 28 (maison Silvestre)
SALLE N° 1

Par le ministère de Me DELBERGUE-CORMONT, commissaire-priseur
Rue de Provence, 8

PARIS
ADOLPHE LABITTE
LIBRAIRE DE LA BIBLIOTHÈQUE NATIONALE
4, Rue de Lille, 4

1873

CATALOGUE
DE LIVRES
SUR LES BEAUX-ARTS
(PEINTURE, SCULPTURE, ARCHITECTURE, GRAVURE, ETC.)

LA NUSMISMATIQUE ET L'ARCHÉOLOGIE

GÉRÉRALITÉS SUR LES ARTS, CRITIQUE, ESTHÉTIQUE, ETC., ETC.

1. MESSAGER DES SCIENCES ET DES ARTS. Recueil publié par la Société royale des beaux-arts. *Gand*, 1823-1856, 3 séries en 20 vol. in-8, demi-rel. et livraisons, nombreuses figures.

Les années 1843 et 1848 à 56, en livraisons; les années 1850 et 1852 n'ont que trois livraisons chacune, et l'année 1854 2 livr.

2. Eug. Piot. Le Cabinet de l'amateur et de l'antiquaire. Revue des tableaux et des estampes anciennes. *Paris*, 1842-47, 4 vol. in-8, br. fig.

La planche du fumeur de Meissonnier a été donnée en prime et ne fait pas partie de l'ouvrage.

3. Eug. Piot. Le Cabinet de l'amateur (1861-62). *Paris*, *Firmin Didot*, 1863, in-4, br. *Figures sur bois*.

4. Catalogo ragionato dei libri d'arte e d'antichità posseduti dal conte Cicognara. *Pisa*, *Capurro*, 1821, 2 vol. in-8, dos et coins de maroq. bleu, (*Rel. de Capé*.)

Bel exemplaire d'un livre rare.

5. Notices historiques sur les anciennes académies de peinture, sculpture et architecture de Paris, par Deseine, statuaire. *Paris, Lenormant*, 1814, in-8, cart. n. rog.

6. Discorsi letti nella accademia di belli arti in Venezia, per la distribuzione de i premi degli anni 1808-1838. *Pel Picotti, typogr. della accademia*, 30 part. en 6 vol. in-8, demi-rel.

7. Regola della reale accademia di pittura e scultura di Torino. 1778, in-fol. br. fig.

8. Regolamenti della accademia di pittura e scultura di Torino. — Ragionamento del conte F. Durando letto il giorno 18 d'aprile, 1778, in-fol. br. (59 pages.)

9. Almanach de peinture pour l'année 1799. *Florence*, 1798, in-16, br. 12 *portr. de peintres florentins.*

10. Principi di estetica, da Milizia. *Venezia*, 1827, 2 vol. gr. in-8, pap. vélin, cart. n. rog.

11. Delle Leggi del bello, applicate alla pittura ed architettura, saggio di Malaspina di Sannazaro. *Pavia, Salvatore*, 1791, in-8, br.

12. Del Bello nella pittura e nella scultura, ricerche e trattenimenti del prof. Luigi Zandomeneghi. *Padova*, 1833, 2 tomes en 1 vol. in-8, br. 24 *pl. au trait.*

13. Les Leçons de P. Rubens, ou fragments d'une correspondance entre ce grand artiste et Ch. d'Ursel, abbé de Gembloux, par Boussard. *Bruxelles*, 1838, gr. in-8, br. *Fig. et portrait.*

14. Trattato dell' arte della pittura, scultura ed architettura, di Paolo Lomazzo. *Milano*, 1585, in-4, parch.

15. Trattato dell' arte della pittura, scultura ed architettura di G. P. Lomazzo, pittore. *Milano*, 1585, pet. in-4, parch.

16. Trattato della pittura del cav. G, Vasari. *Firenze, appresso i Giunti*, 1619, pet. in-4, vélin.

17. Traité des principes et des règles de la peinture, par Liotard. *Genève*, 1781, in-8, br.

18. Études d'anatomie à l'usage des peintres, par Ch. Monnet. 42 pl. pet. in-fol. *Fig. au bistre.*

19. Anatomie du gladiateur combattant, applicable aux beaux-arts, par J.-G. Salvage. *Paris, Mame*, 1812, gr. in-fol. d. maroq. r. n. rog. 22 *pl. dont 15 coloriées, plus les contre-épreuves.*

Le texte est sur papier vélin.

20. Paradossi per pratticare la prospettiva senza saperla. Cognitioni necessarie ai pittori, scultori, architetti, dati in luce da Giulo Troili, detto Paradosso, pittore. *Bologna*, 1672, in-fol. parch. n. r. *fig dans le texte.*

21. Éléments de dessin, dédiés à Ferd. de Gonzague, duc de Mantoue, par J.-Fr. Barbieri, et grav. par Olivier Gattus. *Rome, Rossi*, 1619, 20 pl. in-4, obl. parch.

22. Silvio Belli, Vicentino, della proportione, libri tre. *In Venetia, Francesco Sanese*, 1573, pet. in-4, br. n. r. — Libro del misurar con la vista, scritto dal medesimo. *Venetia, Ziletti*, 1570, pet. in-4, cart. *fig. géométriques.*

23. Sull' Educazione del pittore storico odierno italiano, pensieri di P. Selvatico. *Padova*, 1842, in-8, br.

24. Dialoghi tra Claro e Sarpini per istruire chi desidera d'essere un eccellente pittore figurista. *Bologna*, 1778, pet. in-4, br.

25. Traité théorique et pratique des connaissances nécessaires à tout amateur de tableaux, par Fr.-Xavier de Burtin. *Bruxelles*, 1808, 2 vol. gr. in-8, cart. n. r. *fig. et portrait.*

26. Avvertimenti agli amatori della pittura ed agli artisti, di G.-B. dal Bon. *Venezia*, 1834, gr. in-8, br.

27. Notizia d'opere di disegno nella prima metà del secolo XVI, illustrata da J. Morelli. *Bassano*, 1800, gr. in-8, br.

Excellent livre devenu rare.

28. Saggi sul ristabilimento dell'antica arte de i greci e romani pittori, dell' abate Vincenzo Requeno. *Parma*, *Bodoni*, 1787, 2 vol. in-8, vélin, n. r. fig.

29. Sulla Cappellina degli Scrovegni nell' arena di Padova, e su i freschi di Giotto in essa dipinti, osservazioni di P. Estense Selvatico. *Padova*, 1836, in-8, br. 20 *planches au trait*.

30. Le Finezze de' pennelli italiani, studiate da Girupene, opera di L. Scaramuccia. *In Pavia*, *s. d.*, pet. in-4, parch.

31. Salon de 1824, par Chauvin. *Paris, Pillet*, 1825, in-8, bas., *figures au trait*.

32. Quattro Discorsi di Ant. Chi-Chiama, di pittura, scultura e architettura. *Venezia*, 1783, in-8, papier fort, cart. n. r.

33. Idées italiennes sur quelques tableaux célèbres, par Constantin. *Florence*, 1840, gr. in-8, demi-rel. n. r. *une planche*.

34. Idea del tempio della pittura di Paolo Lomazzo. *In Bologna*, *s. d.*, gr. in-8, br.

35. Risposta alle lettere pittoriche del Sign. Annib. Mariotti. *In Perugia*, 1791, gr. in-8, br. fig.

36. Discorso di Aless. Lamo intorno alla scoltura e pittura. *Cremona*, 1584, pet. in-4, parch.

Livre fort rare.

HISTOIRE ET BIOGRAPHIE.

37. Biografia degli artisti, da F. de Boni. *Venezia*, 1840, gr. in-8, cart. 1110 *pages à deux colonnes*.

38. Dizionario delle belle arti del disegno, da Franc. Milizia. *Bassano*, 1797, 2 vol. in-8, br.

39. Dizionario dei pittori, dal rinnovamento delle belle arti fino al 1800, di Stef. Ticozzi. *Milano*, 1818, 2 t. en 1 vol. in-8, demi vélin, n. r.

40. Dizionario degli architetti, scultori, pittori, intagliatori d'ogni età e d'ogni nazione, di Stefano Ticozzi. *Milano*, *Schiepatti*, 1830-32, 4 tomes en 2 vol. in-8, demi-vélin. n. r. *portrait*.

41. Abecedario pittorico del R. P. Ant. Orlandi, contenente le notizie de' professori di pittura, scoltura ed architettura, etc. *Venezia*, *Pasquali*, 1753, in-4, demi-rel. 2 pl.

42. A biographical and critical Dictionary of painters and engravers, with the monograms used by each engraver, by Mich. Bryan. *Lond.*, *Carpenter*, 1816, 2 vol. in-4, cart. n. r. *portrait*.

43. Vite dei pittori antichi greci e latini, compilate da Gugl. della Valle. *In Siena*, 1795, in-4. vélin, fig.

44. Storia pittorica della Italia dell' abate Luigi Lanzi. *Bassano*, *Remondini*, 1809, 6 vol. gr. in-8, br.

45. LE VITE de' più eccellenti architetti, pittori e scultori italiani, da Cimabue insino ai tempi nostri, descritte in lingua Toscana, da G. Vasari, pittore. *Firenze*, 1550, 3 part. en 2 vol. in-8, bas. (*Mouillures*.)

Première édition de ce célèbre ouvrage.

46. Le Vite dei più eccellenti pittori, scultori ed architetturi, scritte da G. Vasari. *Fiorenza*, *Giunti*,

1568, 3 vol. in-4, vélin, *portraits gravés sur bois.*

47. Notizie dei professori del disegno, da Cimabue in quà, opera di Filippo Baldinucci; edizione accresciuta di annotazioni del Sig. Dom. Manni. *Firenze*, 1767-74, 21 vol. pet. in-4, cart. n. r. *portrait.*

48. Notizie dei professori del disegno, da Cimabue in quà, opera di Fil. Baldinucci. *Milano*, 1808-12, 13 vol. in-8, dos et coins de vélin.

49. Vite dei più celebri architetti e scultori Veneziani, scritte da Tom. Temanza. *Venezia*, 1778, in-4, vélin, *portrait.*

50. Memorie dei pittori, scultori ed architetti domenicani, del Padre V. Marchese. *Firenze*, 1845-46, 2 vol. gr. in-8, br. *portr.*

51. Elogi di celebri professori di belle arti, del conte Fabio di Managio. *San Vito*, 1841, in-8, br.

52. Le Vite dei pittori, scultori ed architetti genovesi, opera postuma di Raf. Soprani. *Genova*, 1674, pet. in-4, *portraits.*

Première édition, fort rare.

53. Vite de i pittori, scultori ed architetti genovesi, di Raff. Soprani; seconda edizione, riveduta da Carlo Ratti. *Genova*, 1768-69, 2 vol. in-4, demi-rel. *portraits gravés dans le texte.*

54. Vite dei pittori, scultori ed architetti che hanno lavorato in Roma dal 1641 fino al 1673. *In Roma*, 1772, in-4, demi-rel. n. r.

55. Vite de i pittori, scultori ed architetti moderni, scritte da Lione Pascoli. *Roma*, 1730, 2 vol. — Vite de i pittori, scultori ed architetti perugini, scritte da Lione Pascoli, 1732. Ensemble 3 vol. in-4, vélin.

56. Le Maraviglie dell'arte, ovvero le vite degli illustri pittori veneti e dello stato, descritte dal Cav.

Carlo Ridolfi. Edizione seconda. *Padova, Cartallier*, 1835-37, 2 vol. in-8, demi-rel. n. r. 36 *portraits*.

57. Della Pittura Veneziana e delle opere pubbliche de i maestri Veneziani (da Zanetti.) *In Venezia*, 1771, in-8, demi-rel.

58. Della Pittura Veneziana e delle opere pubbliche dei Veneziani maestri (da Zanetti). *Venezia*, 1792, 2 vol. in-18, br.

59. Storia della pittura Veneziana di Francesco Zanetto. *Venezia, Antonelli*, 1837, gr. in-8, br.

60. La Pittura in Venezia. *Venezia, s. d.*, in-12, br. 12 pl.

61. Compendio delle vite de i pittori Veneziani più rinomati del presente secolo con ritratti incisi da Alless. Longhi. *Venezia*, 1762, in-fol. demi-rel. n. r. 24 *planches*.

62. La Carta del navegar pitoresco, dialogo in versi, opera di Marco Boschini. *In Venetia*, 1660, in-4, demi-vélin.

Ouvrage rare et curieux. C'est un dialogue entre un sénateur vénitien et un peintre. Il est en vers, divisés en quatrains, et écrit en dialecte vénitien. Ce volume est accompagné du portrait de l'auteur et de 25 planches remarquables dessinées et gravées par Boschini, qui était à la fois peintre, graveur et poëte.

63. Sulla architettura e sulla scultura in Venezia, dal medio evo sino ai nostri giorni, studi di P. Selvatico, per servire di guida estetica. *Venezia, Carpano*, 1847, gr. in-8, br. 70 *vignettes sur bois et une gravure sur cuivre*.

64. Sulla architettura e sulla scultura in Venezia, dal medio evo sino ai nostri giorni, studi di P. Selvatico. *Venezia*, 1847, gr. in-8, demi-mar. rouge. 70 *vignettes sur bois*.

65. Vite dei pittori ed artifici Bolognesi, scritte dal marchese Ant. Bolognini Amorini. *Bologne*, 1841-43, 5 part. in-8, br.

66. Memorie storiche delle arti e degli artisti della marca di Ancona, del march. Am. Ricci. *Macerata*, 1834, 2 tomes en 1 vol. in-8, demi-vélin.

67. Memorie intorno i letterati e gli artisti della città di Ascoli, scritte da G.-C. Carboni. *Ascoli*, 1830, in-4, br.

68. Raccolta dei pittori, scultori ed architetti Modenesi più celebri, per Lod. Vedriani. *Modena*, 1662, pet. in-4, cart. n. r.

69. Vite dei pittori, scultori e architetti Bergamaschi, scritte dal conte Francisco Maria Tassi. *Bergamo*, 1793, 2 vol. in-4, demi-rel. *portrait.*

70. Le Vite dei pittori, degli scultori ed architetti Veronesi, del Sig. Bartol. dal Pozzo. *Verona*, 1718, in-4, vélin.

71. Memorie trevigiane sulle opere di disegno dal mille e cento al mille ottocento, per servire alla storia delle belle arti d'Italia, da Domenico Maria Federici. *Venezia*, 1803, 2 vol. in-4, cart. n. r.

72. Lettere sulle belle arti Trivigiane del Can. Lorenzo Crico. *Treviso*, 1833, gr. in-8, br.

73. Della Pittura Friulana, saggio storico di Girol. dei Renaldis. *Udine*, 1798, in-4, br.

73 *bis*. Storia delle belle arti Friulane, scritta dal conte Fabio di Maniago. *Venezia*, *Picotti*, 1819, in-4, br. *portrait.*

74. Fabio di Maniago. Storia delle belle arti Friulane. *Udine*, 1823. — Guida di Udine, 1839. — Guida d'Udine 1825. — Osservazioni sopra la Guida, 4 vol. in-8, br. fig.

Lettre autographe de l'auteur aux frères Mattirezzi, imprimeurs.

75. Memorie dei pittori Messinesi e degli Esteri che in Messina fiorirono del secolo XII, sino al secolo XIX. *Messina*, 1821, in-8, br. *portraits.*

76. Raccolta di lettere sulla Pittura, Scultura ed Architettura, scritte dai più celebri personnaggi de'

secoli XV, XVI e XVII, pubblicata da Giov. Bottari, e continuata da St. Ticozzi. *Milano*, 1822-25, 8 vol. in-16, cart. n. r.

77. Carteggio inedito d'artisti dei secoli XIV, XV, e XVI, pubblicato ed illustrato, con documenti inediti, dal Dot. Giov. Gaye. *Firenze*, *Molini*, 1839-40, 3 vol. gr. in-8, br. *fac-simile des écritures d'artistes de* 1326 *à* 1672.

78. Documenti per la storia dell' arte Senese, raccolti ed illustrati dal Dott. Gaetano, Milanese. *Siena*, 1854-56, 3 vol. gr. in-8. demi-mar. r.

Bel exemplaire.

79. Memorie originali italiane, risguardanti le belle arti. *Bologna*, 1840-45, 5 vol. in-8, br.

80. Lettere di Fr. Milizia al conte di Sangiovanni, ora per la prima volta pubblicate. *Parigi*, *Renouard*, 1827, in-12, br. p. vélin. *fac-simile*.

81. Vita di S. Lazzaro, preceduta da alcune osservazioni sulla bibliomania, dal Sign. Leopoldo Cicognara. *Brescia*, *Bettoni*, 1807, in-8, br.

82. Vita di Mich. Buonarotti, pittore, scultore ed architetto fiorentino, pubblicata, mentre viveva, dal suo scolare Ascanio Condivi. *Firenze*, 1746, in-fol. vélin. 3 *pl. et* 2 *portraits*.

83. Histoire de la vie et des ouvrages de Raphael, par Quatremère de Quincy. *Paris*, *Gosselin*, 1824, in-8, br. *portrait*.

84. Istoria della vita e delle opere d: Raffaello Sanzio da Urbino, del signor Quatremere da Quincy, voltata in italiano, ed ampliata da Francesco Longhena. *Milano*, 1829, gr. in-8, cart. n. r. 23 *pl. et un fac-simile*.

85. Raffaello, o le belle arti sotto Leon X, di Luigi Cicconi. *Milano*, 1845, in-8, fig. br.

86. Elogio storico di G. Santi, padre di Raffaello, da Vinc. Guerini. *Urbino*, 1822. — Alcune me-

morie di Mich. Buonarotti. *Roma*, 1823. — Vita del Parmigianino, scritta dal P. Affò. *Parma*, 1784. — Notizie intorno al pittore G.-A. Baroni. *Verona*, 1781. — Della vita, delle opere del cav. G. Longhi, commentario di G. Baretta. *Milano*, 1837. Ensemble 5 vol. in-8, br.

87. Di Bern. Pinturicchio, pittore dei secoli XV e XVI, memorie pubblicate da Vermiglioli. *Perugia*, 1837, gr. in-8, br. *portrait.*

88. Ragionamento del padre I. Affo sopra una stanza dipinta da Ant. Allegri da Correggio, nel monastero di S. Paolo in Parma. *Parma*, 1794, in-8, br.

89. Vita dell' insigne pittore Tiziano Vecellio, già scritta da anonimo autore. *Venezia*, 1809, in-4, cart. portr.

90. Dello Amore ai Veneziani di Tiziano Vecellio, delle sue case in Venezia e delle vite de i suoi figli, notizie di Giuseppe Cadorin. *Venezia*, 1833, in-4, br. fig.

91. Dello Amore ai Veneziani di Tiziano Vecellio, delle sue case in Cadore e in Venezia, e delle vite de i suoi figli, notizie dell' ab. G. Cadorin. *Venezia, presso C. Hopfner*, 1833, in-4, br. *fig. lithogr.*

92. Della Imitazione pittorica e della vita di Tiziano, scritta da Stef. Ticozzi, libri tre di Andrea Maier, Veneziano. *Venezia*, 1818, gr. in-8, demi-vélin.

93. Apologia del libro della imitazione pittorica e della eccellenza delle opere di Tiziano, di Andrea Maier, Veneziano. *Ferrara*, 1820, in-8, br.

94. Vite dei pittori Vecellii, libri quattro di Stef. Ticozzi. *Milano, Stella*, 1817, gr. in-8, br.

95. Del Bello ideale, e delle opere di Tiziano, lettere di Giuseppe Carpani. *Padova*, 1820, in-8, br.

96. Vite dei pittori Vecelli di Cadore, libri quattro di Stefano Ticozzi. *Milano*, 1817, in-8, br. — Ci-

cognara, Vita di S. Lazzaro, monaco e pittore. *Brescia, Bettoni,* 1807, in-8, br.

97. Giov. Bellini e pittori contemporanei. *Venezia, s. d.*, in-12, pap. vélin, fig. demi-rel.

98. Vita di Giov. Bellino, descritta dal. cav. Carlo Ridolfi. *Venezia, Alvisopoli,* 1831, in-8, cart. *portrait.*

99. Sopra la vita ed i dipinti di Sebastiano del Piombo, saggio di Pietro Biagi. *Venezia,* 1827, in-fol. cartonné, n. r. *fig.*

100. Memorie della vita di Ant. de Solario, detto il Zingaro, pittore Viniziano. *Venezia,* 1828, gr. in-8, br. fig.

101. Vita di Paolo Caliari, pittore Veronese, descritta da Carlo Ridolfi. *Venezia,* 1646, in-4, cart.

102. Cenni storico-critici sulla vita e sulle opere di G. Ant. Fasolo, pittore. *Venezia*, 1851, in-8, br. — Del pittore J. Turnicelli. *Padova*, 1826, in-8, br. — Vita del pittore Tiziano Vecellio. *Venezia*, 1809, in-4, cart. *portraits.*

103. Michel-Angelo da Caravaggio. *Milano*, 1842, in-8, cart. *portr.* — Notizie intorno alla persona ed all' opere di T. Temanza, architetto Veneziano, scritte da Fr. Negri. *Venezia*, 1830, in-8, cart. *portr.* — Vita di Ant. Cavallucci, pittore. *Venezia*, 1796, in-8, br. *portr.* Ens. 3 vol. in-8.

104. Vita di Francesco Mazzola, scritta da Affò. *Parma*, 1784. — Gh. de' Rossi. Vita di Angel. Kauffmann, pittrice. *Firenze*, 1810. — Rossi. Vita di Ant. Cavalucci. *Ven.* 1796. — Ens. 4 vol. in-8, rel. et br. *portraits.*

105. Vite di Benvenuto Tisio da Garafolo e di G. Fr. Barbieri, detto il Guercino. *Venezia*, 1842, gr. in-8, br.

106. Notizie di Gand. Bordiga intorno alle opere di Gand. Ferrari, pittore e plasticatore. *Milano, Pirotta*, 1821, in-4, br. *portrait.*

107. Picturæ Dom. Zampierii, vulgo Domenichino, quæ extant in sacello sacræ ædi crytoferratensi adjuncto. *Roma*, 1762, gr. in-fol. cart., 28 *planches dessinées par Vanni, d'après le Dominiquin, et gravées par Pazzi et autres.*

108. Prandi. Vita di Leonbruno, Pitt. Mantuano, 1825. — Vita del Zingaro. pitt. Ven. 1832. — Zabeo. Vita di Tiziano Aspetti, scultore Padovano, 1821. — Giordani. Sulle pitture d'Inn. Francucci. 1819. — Voiart. Notice sur Prud'hon. *Didot*, 1824, in-8, br. — 6 broch. in-8.

109. Notizie storiche spettanti la vita e le opere di Lorenzo Leonbruno, pittore Mantuano; scritte da F. Prandi. *Mantua*, 1825, gr. in-8, br., 3 pl.

110. Notizie della vita e delle opere del caval. Fr. Barbieri, detto il Guercino da Cento, da F. Hercolani. *Bologna*, 1808, in-4, demi-rel.

111. Vita del gran pittore Carlo Cignani, da Ippolito Zanelli. Bologna, 1722, in-4, br. n. r. *portr.*

112. Opere di G. Andrea Lazzarini. *Pesaro*, 1806, 2 vol. gr. in-8, br., *portrait.*

113. Vita di Gregorio Lazzarini, scritta da Vincenzo de Canal. *Vinegia*, 1809, gr. in-8, br., portr.

114. Vita ed opere di Alberto Durer, tratte dagli artisti Alemanni di Neu. Mayr. *Venezia*, 1823, in-8, broché.

115. Histoire de la vie de P.-P. Rubens, par J.-F. Michel. *Bruxelles*, 1771, in-8, v. m. fil. *portrait dessiné par Rubens et gravé par Ant. Cardon.*

116. Histoire de P. Rubens, suivie du catalogue de ses tableaux, esquisses, dessins et vignettes, par André Van Hasselt. *Brux.*, 1840, in-8, br. fig.

117. Histoire de P.-P. Rubens, par André Van Hasselt. *Bruxelles*, 1840, in-8, fig. br.

118. Elogio storico di Raff. Mengs, con un catalogo delle opere da esso fatte. *Milano*, 1780, in-8, br. *portrait.*

119. Opere di Antonio Raffaello Mengs, publicate da G. d'Azara. *Bassano*, 2 vol. pet. in-4, vélin.

120. Vita di Angelica Kauffmann, pittrice, scritta dal cav. Giov. de' Rossi. *Firenze*, *Molini*, 1810, gr. in-8, cart., n. r. *portrait.*

121. Vie de David, premier peintre de Napoléon. *Bruxelles*, 1826, in-18, br.

122. Vie de David, par M. A. Th. *Paris*, 1826, in-8, br. 160 pages.

123. Notice sur la vie et les ouvrages de Léopold Robert, par E.-J. Delécluse. *Paris*, *Rittner*, *et Goupil*, 1838, in-8, br. 5 *pl. et un portrait.*

124. Sonnetti di Angiolo Allori, detto il Bronzino, ed altre rime inedite di più insigni poeti. *Firenze*, 1823, gr. in-8, br.

125. Li Capitoli faceti editi ed inediti di Messer Agnolo Allori, detto il Bronzino, pittore e poeta Fiorentino. *Venezia*, 1822, in-8, cart.

MUSÉES ET COLLECTIONS.

126. Musée royal du Luxembourg, recréé en 1822, et composé des principales productions des artistes vivants, extrait des Annales de Landon. *Paris*, *Impr. roy.*, 1823, in-8, cart. n. r. 63 *pl. au trait.*

127. Verzeichniss der Gemälde der Bildergallerie in Wien, verfasst von Ch. von Mechel. *Wien*, 1783, in-8, demi-rel. 4 pl.

128. British Galleries of painting and sculpture comprising an historical Catal. of every work of fine

art in the principal collections, by Westmacott. *London*, 1824, in-8, cart. figures.

129. Notice des tableaux, bas-reliefs et statues exposés dans les galeries du musée de Lille, par Éd. Reynart. *Lille*, 1862, in-8, br.

130. Catalogo di quadri esistenti in casa del signor Giov. Vianelli, canonico della cattedrale di Chioggia. *Venezia*, 1790, pet. in-4, cart.

131. Catalogo di quadri esistenti in casa del signor Giov. Vianelli. *Venezia*, 1790, in-4, cartonné.

132. Catalogues des musées de peinture de Bruxelles, d'Amsterdam, et du palais Pitti, à Florence. 1837-60, 4 vol. in-12, br.

133. Notice des tableaux du musée de Lyon, par Artaud ; du musée de Dijon, et des musées de Lille, de Rouen et d'Orléans, 1818-56, 8 vol. in-12, br.

134. Musei della accademia di Mantova. *Mantova*, *Pazzoni*, 1790, in-8, bas. *portr. fig. et inscriptions.*

135. Villa Burghesia, vulgò Pinciana, poetice descripta ab Andrea Brigantio. *Romæ*, 1716, in-8, parch. 24 pl.

136. Descrizione del museo d'antiquaria e del gabinetto d'istoria naturale del sig. principe di Biscari, fatta dall' abate Sestini. *Livorno*, 1787, in-8, fig. br.

137. Catalogue raisonné d'un choix précieux de dessins et d'une riche collection d'estampes, livres à figures, tableaux, etc., qui composaient le cabinet de P.-Fr. Basan, par Regnault. *Paris*, 1798, in-8, br. *portrait en médaillon de Basan, par Choffard.*

138. Catalogue raisonné d'un choix précieux de dessins et d'estampes du cabinet de P.-Fr. Basan, par Regnault. *Paris*, 1798, in-8, d. v. fauve. *Frontispice par Choffard.*

139. Catalogue historique du cabinet de peinture et de sculpture française de M. de Lalive, introducteur des ambassadeurs. *Paris*, 1764, pet. in-4, v. m.

140. Catalogue raisonné d'un choix précieux de dessins et d'estampes, qui composaient le cabinet de Basan père, par Regnault, peintre. *Paris*, 1798, in-8, demi-vélin, n. r.

141. Gersaint. Catalogue raisonné des curiosités de Quentin de Lorengène. — Catal. des curiosités de Bonnier de La Mosson, par le même. *Paris*, 1744, 3 tomes en 1 vol. in-12, v. m. (avec les prix de vente).

142. Catalogue raisonné des tableaux, sculptures en marbre et en bronze, dessins et estampes, porcelaines, etc., qui composent le cabinet de feu M. le duc de Tallard, par Remy et Glomy. *Paris*, *Didot*, 1756, in-12, v. (*Prix.*)

Le frontispice représente un coin du salon où a eu lieu la vente.

143. Catalogue raisonné des tableaux, bustes, bas-reliefs, etc., des meubles précieux, par Boule et Caffieri, du cabinet de M. de Lalive de Jully, ancien introducteur des ambassadeurs, par Pierre Remy. *Paris*, *Vente*, 1769, in-12, cart. (*Prix et noms des principaux acquéreurs.*)

144. Catalogue raisonné des tableaux, dessins, porcelaines, meubles, etc., de feu M. Boucher, premier peintre du roi. *Paris*, *Musier*, 1771, in-12, v. (*prix.*)

145. Catalogue raisonné des bijoux, porcelaines et bronzes de M. de Fonspertuis, par Gersaint. *Paris*, 1747, in-12. — Catalogue de coquilles, par le même, 1736, in-12, v.

146. Catalogue d'objets d'art, de tableaux et de haute curiosité, composant le cabinet du baron d'Orbstein, de Munich. *Paris*, *Montfort*, 1835.

Catalogue d'armes anciennes, composant la collection de MM. Mention et Wagner. *Paris*, *Roussel*, 1838; ens. 2. br. in-4, fig.

147. Catalogue raisonné de la précieuse collection de dessins et d'estampes formant le cabinet de Ch. Van Hulthem. *Gand*, 1746, gr. in-8, br.

GUIDES ARTISTIQUES DES VILLES.

148. Notizia delle pitture, sculture ed architetture d'Italia, opera di Fr. Bartoli. *Venezia*, 1776. — Itinerario delle cose più rare di molte città d'Italia del cav. Ad. Chiusole. *Vicenza*, 1782. 2 ouvr. en 1 vol. in-8, demi-vélin, n r.

149. Le Pitture, sculture ed architetture della città d'Ancona. *Ancona*, 1821, petit in-8, cart. fig.

150. Le Pitture notabili di Bergamo, raccolte da Andrea Pasta. *in Bergamo*, 1775, in-4, cart.

151. Le Pitture e Sculture di Brescia. *In Brescia*, 1760, cart. fig.

152. Le Pitture e le Sculture della città di Cremona, di Giuseppe Aglio. *Cremona*, 1794, in-8, d. vél.

153. Guida del forestiere per la città di Ferrara, del dott. Ant. Frizzi. *Ferrara*, 1787, in-8, parch. 8 *fig. et un plan*.

154. Descrizione del imp. Giardino di Boboli, fatta da Gaët. Cambiagi. *In Firenza*, 1757, in-8, cart. n. rog.

155. Pitture e Sculture che si trovano nella città di Ferrara. *In Ferrara*, 1770, in-8, br.

156. Notizie e guida di Firenze e de' suoi contorni. *Firenze*, *Piatti*, 1841, in-8, cart. n. r.

157. Descrizione di Genova e del Genovesato. *Genova*, 1846, 3 vol. gr. in-8, br. *Inscriptions, cartes, figures et monnaies*.

158. Description des beautés de Gênes et de ses environs. *Gênes,* 1773, in-8, fig. demi-vélin.

159. Notizie della santa casa di Maria Vergine venerata in Loreto, da Ant. Lucidi, custode. *Loreto,* 1777, in-8, cart. fig.

160. Guida di Lucca, compilata da Ant. Mazzarosa. *Lucca*, 1843, in-8, cart. n. r.

161. Descrizione di Milano, ornata con molti disegni in rame delle fabbriche che si trovano in questa metropoli, raccolta da Servil. Latuada. *Milano,* 1737, 5 vol. in-8, bas. m. fig.

162. Le Pitture e Sculture di Modena, descritte dal dott. Philib. Pagani. *Modena*, 1770, in-8, bas.

163. Napoli e contorni, di Giuseppe Gerlanti. *Napoli*, 1838, in-8, demi-vélin. 133 *fig. et un plan.*

164. Pitture, Sculture ed Architetture di Padova, descritte da P. Brandolese. *Padova*, 1795, in-8, demi-rel. — Prospetto delle pitture, etc., di Mantova, con notizie di G. Susani. *Mantova*, 1818, in-8, demi-rel.

165. Guida di Padova e della sua provincia. *Padova*, 1842, in-8, cartonné. *Nombreuses lithographies:*

166. Guida di Padova e della sua provincia. *Padova,* 1742, gr. in-8, pap. vél. cart. fig.

167. Marcheselli. Pitture della chiesa di Rimini. 1754. — Carasi. Pitture di Piacenza. 1780. — Moschini. Delle vicende della pittura in Padova. 1826. — Ens. 3 vol. in-8, br.

168. Guida per l'isola di Murano, descritta da G. Moschini. *In Venezia,* 1808, br. — Guida di Perugia, esposta da Raff. Gambini. *Perugia*, 1826, br. — Guida per Padova, da Moschini. *Venezia*, 1817, br. — Descrizione della Certosa presso Pavia. *Milano*, 1818, cart. — Ens. 4 vol. in-8.

169. Guida al forestiere per la città di Perugia. 1784, in-8, cart. n. r.

170. Pisa illustrata nelle arti del disegno da Aless. da Morrona, seconda ediz. *Livorno*, 1812, 4 vol. in-8, demi-rel. fig. n. r.

171. Lettere pittoriche sul Campo Santo di Pisa, di Giov. Rosini. *Pisa*, 1810, in-4, demi-rel. fig.

172. Osservazioni sopra l'opera del Sig. Aless. da Morrona che ha per titolo : Pisa illustrata nelle arti del disegno. *Pisa*, 1812, in-8, demi-rel. n. r.

173. Il Forestiere istruito delle cose notabili della città di Ravenna, opera di Fr. Beltrami. *In Ravenna*, 1791, in-8, demi-vél. fig.

174. Fr. Bartoli. Pitture, Sculture ed Architetture della città di Rovigo. *Venezia*, 1793, in-8, cart. fig. — G. Verci. Notizia intorno alla vita dei pittori, scultori ed intagliatori della città di Bassano. *Venezia*, 1775, in-8. — Enrico Bacco. La città di Napoli. 1618, in-8, vélin. Ensemble 3 vol.

175. Le Minere della pittura, informazione di Marco Boschini. *Venezia*, 1664, in-12, vélin, n. r. fig.

176. L'Italie des gens du monde. Venise, ou Coup d'œil sur les monuments de cette cité, par Jules Lecomte. *Paris*, *Hipp. Souverain*, 1844, in-8, demi-rel. n. r. 14 *pl.*

177. Guida per la città di Venezia, opera di G. Moschini. *Venezia*, 1815, 2 forts vol. in-12, br.

178. Dichiaratione di tutte le istorie che si contengono ne i quadri posti nelle sale dello scrutinio e del gran ducale consiglio del palagio di Venezia, fatta da Girol. Bardi. *Venetia*, 1587, pet. in-8, bas.

179. Descrizione di Verona e della sua provincia. *In Verona*, 1821, 2 tomes en 1 vol. in-8, demi-vél. *Nombr. fig.*

180. Descrizione delle architetture, pitture et sculture di Vicenza. *Vicenza*, 1779, in-8, fig. demi-rel.

181. Il Forestiere istrutto nelle cose più rare di architettura e di alcune pitture della città di Vicenza. *Vicenza*, 1780, in-8. cart. 36 *planches*.

182. Il Forestiere istrutto nelle cose più rare di architettura e di alcune pitture della città di Vicenza. *Vicenza*, 1804, in-8, br. 36 pl.

183. Description de Paris, par Germain Brice. *Paris*, 1706, 2 vol. in-12, fig. v. (*Piqûres de vers.*)

184. Description de la ville de Paris, par Germain Brice. Cinquième édition, avec un plan et des figures. *Paris*, *Brunet*, 1706, 2 vol. in-12, veau.

ARCHITECTURE.

185. Observations sur l'architecture, par Laugier. *Paris, Desaint*, 1765, in-12, cart. n. r.

186. Essai sur l'architecture, par Laugier. *Paris, Duchesne*, 1755, in-8, br. en carton, n. r. 9 pl.

187. Osservazioni di Antonio Visentini, architetto Veneto, che servano di continuazione al trattato di Teofilo Gallaccini, sopra gli errori degli architetti. *Venezia*, 1771, in-fol. cart. fig.

188. Ragionamento sopra i principi d'architettura, di Franc. Maria Preti. *Padova*, 1795, 23 pages gr. in-4, br. front. gravé.

189. Saggio sopra il bello di proporzione in architettura, di Al. Barca. *Bassano*, 1806, in-fol. br. n. rog.

190. Osservazioni ed aggiunte ai principii di architettura civile di Fr. Milizia, proposti agli studiosi della architettura, dal prof. G. Antolini. *Milano*, 1817, in-8, br.

191. Istruzione elementare per gli studiosi della scultura, di Francesco Carradori. *Firenze*, 1802, pet. in-fol. cart. *front. gr. et* 17 *pl.*

192. Dell' Architettura Egiziana, dissertazione d'un corrispondente dell' Academia delle scienze di Parigi. *Parma*, 1786, in-4, demi-rel.

193. Dispareri in materia d'architettura, di Martino Bassi. *In Bressa*, 1572, pet. in-4, vélin marbré. *Ancre aldine, rare.*

194. Discorsi di architettura del senatore G. B. Nelli. *Firenze*, 1753, in-4, demi-rel. portr.

195. Recueil hist. de la vie et des ouvrages des plus célèbres architectes, par Félibien. *Amst.*, 1707, in-12, v.

196. Memorie degli architetti antichi e moderni. Terza edizione, accresciuta dallo stesso autore, Franc. Milizia. *Parma*, 1781, 2 vol. in-8, papier fort, demi-rel.

197. Di Lucio Vitruvio de architectura libri decem, tradotti da latino in volgare. *Impressa nella citate di Como*, 1521, in-fol. demi-rel.

Nombreuses et belles figures en bois. Trad. de Cesarino.

198. Architecture générale de Vitruve, réduite en abrégé par Perrault. *Amst.*, 1681, in-12, bas. 11 *pl. et le front. gr.*

199. Leonis Bapt. Alberti Opus de re ædificatoria. *Florentiæ, Laurentius Alamani*, 1485, pet. in-fol. v. fauve.

Première édition.

200. Porta di città e fortezze, depositi, sepolcrali, etc., di Michele Sanmicheli, misurate da Ferd. Albertolli. *Milano*, 1815, gr. in-fol. oblong, demi-rel. 29 planches.

201. Elogio di frà Giov. Giocondo, Veronese, letto nell' Ateneo Trivigiano, da Monsig. Sebast. Soldati, vescovo di Treviso. *Venezia, Antonelli*, 1829, in-4, p. vél. rel.

202. Regola delli cinque ordini d'architettura di Barozio da Vignola. *Bologna*, 1736, pet. in-4, cart. n. r. 36 *pl.*

203. Reigles des cinq ordres d'architecture de Vignolle, par le Muet. *Paris*, 1631, pet. in-8, vélin, 50 *planches.*

204. Vita di Andrea Palladio, scritta da Tommaso Temanza. *Venezia*, 1762, in-fol. br. *portr.*

205. Memorie intorno la vita e le opere di Andrea Palladio, pubblicate nell' inaugurazione del suo monumento in Vicenza, dall' abate Antonio Magrini. *Padova*, 1845, gr. in-4, *fig. et portrait.*

206. Memorie intorno la vita e le opere di Andrea Palladio, pubblicate da Antonio Magrini. *Padova*, 1845, in-4, demi-rel. *portrait et fac-simile.*

207. Vita di Vincenzio Scamozzi, architetto, scritta da T. Temanza, architetto. *Venezia*, 1770, in-fol. br. 54 *pages et un portrait.*

208. L'Idea dell' architettura universale di Vincenzo Scamozzi, architetto Veneto. *Venetia*, 1615, 2 tomes en 1 vol. in-fol. v. br. fil. *figures.*

209. Cours d'architecture, par Fr. Blondel. *Paris, Clouzier*, 1675, in-fol. v. m. *fig.*

210. Elementi di architettura civile del padre Fed. Sanvitali. *Brescia*, 1765, in-4, cart. n. r. 4 *pl. et un portrait.*

211. Elementi di architettura di Fr. M. Preti. *Venezia*, 1780, in-4, br. 4 *pl.*

212. Fabbriche e disegni di Giacomo Quarenghi, architetto. *Milano*, 1821, gr. in-fol, cartonné. 59 *pl. et un portrait.*

213. Essai sur l'architecture théâtrale, par Patte. *Paris*, 1782, in-8, demi-rel.

214. Del Teatro Olimpico di Andrea Palladio, in Vicenza, discorso di Giov. Montenari. *Padova*, 1733, in-8, br. 5 *planches et un portrait.*

215. Projet d'une salle de spectacle pour un théâtre de comédie (par Cochin). *Paris, Jombert*, 1765, in-12, v. m. 6 *pl.*

216. Trattato del Teatro, di Francesco Milizia. *In Venezia, Pasquali*, 1794, in-4, cart. n. r. 6 *pl.*

217. Sull' Architettura greco-romana applicata alla costruzione del teatro moderno italiano, e sulle machine teatrali, saggio di Carlo Beccega. *Venezia, Alvisopoli*, 1817, gr. in-fol. demi-rel. n. r. 5 *pl. doubles.*

218. Il Nuovo Teatro di Parma, con tavole intagliate nello studio di P. Toschi. *Parma, Bodoni*, 1829, gr. in-fol. cart. 12 pages de texte et 9 pl. — Dans le même volume : Descrizione del nuovo Sipario del teatro della Scala in Milano. 1820, 8 p. et 1. pl.

219. Delle Basiliche antiche e specialmente di quella di Vicenza, discorso del conte Arnaldi. *Vicenza*, 1767, in-4, vélin, *portrait.*

220. L'antica Basilica Veronese di S. Zenone maggiore, ragionamento di Orti-Manara. *Verona*, 1839, in-4, br. 12 pl.

221. Pianta della chiesa di San Vitale di Ravenna, data in luce da S. Barozzi. *Bologna*, 1782, in-fol. br. 3 pl.

222. Descrizione del Colosso romano, del Panteo e del tempio Vaticano, opera di Neralco. *In Ancona*, 1763, in-fol. br. 15 *pl.*

223. Memorie istoriche della cupola del tempio Vaticano. *Padova*, 1748, gr. in-fol. demi-rel. 30 *planches.*

224. Scritture concernenti i danni della cupola di San Pietro di Roma e i loro rimedi. *Venezia, s. d.* in-4, fig. vélin.

225. Numismata summorum pontificum templi Vaticani fabricam indicantia, a patre Philippo Bon-

nanni societ. Jesu. *Romæ*, 1696, in-fol. demi-rel. 86 *pl.*

226. Sagrestia Vaticana, eretta dal pontifice Pio Sisto, e descritta da Cancellieri. *Roma*, 1784, gr. in-8, demi-rel.

227. Le Fontane di Roma, disegnate ed intagliate da Giov. Bat. Falda, date in luce da G. de' Rossi, 1691, 4 part. formant 103 pl. — Il teatro degli edifficii di Roma moderna, dati in luce dal medesimo. *Roma*, 1665, 3 part. contenant 87 pl. — En tout 7 parties in-fol. oblong. vélin.

Bel exemplaire.

228. Le Fabbriche più cospicue di Venezia, misurate, illustrate ed intagliate dai membri della Veneta accademia delle belle arti. *Venezia, typogr. Alvisopoli*, 1815-1820, 2 vol. gr. in-fol. papier vélin, demi-rel. n. r.

Grand et bel ouvrage contenant 250 planches avec un texte, par Cicognara, Diedo et Selva.

229. Le Fabbriche ed i monumenti cospicui di Venezia, illustrati da Cicognara, Diede e Selva. Secunda edizione. *Venezia*, *Antonelli*, 1838-1840, 2 tomes en 1 vol. gr. in-fol. pap. vélin, demi-rel. n. r. *Nombreuses figures au trait.*

230. Pareri di XV architetti e notizie storiche intorno al palazzo ducale di Venezia, con illustrazioni di G. Cadorin. *Venezia*, 1638, in-8, br.

231. Pareri di XV architetti, e notizie storiche intorno al palazzo ducale di Venezia, con illustr. G. Cadorin. *Venezia*, 1858, in-8, br.

232. Relazione storico-critica della torre dell' orologio di San Marco in Venezia, dal dott. Erizzo. *Venezia*, 1860, gr. in-8, br. 8 *planches*.

233. Tempio dei SS. Paolo e Giovanni in Venezia. *Venezia*, *Andreola*, 1835, in-8 oblong, cart. 20 *pl.*

234. Illustrazione istorica del palazzo della signoria, detto inoggi il palazzo vecchio, ragionamento di Rastrelli. *Firenze*, 1792, in-8, br.

235. Descrizione della gran cappella delle pietre dure e della sagrestia vecchia eretta da F. Brunellesco, situate ambedue nella basilica di S. Lorenzo di Firenze. *Firenze*, 1813, in-8, br.

236. Monuments publics de Bologne. 32 planches et le plan de la ville, in-4, cartonné.

Ce volume est précédé d'une épître en vers italiens, adressée à Giov. Buratti. Manuscrit de 12 pages.

237. Capella della famiglia Pellegrini esistente nella Chiesa di san Bernardino di Verona, architettura di Mich. Sanmicheli. *Verona*, 1816, gr. in-fol. demi-rel. n. r. 30 *pl.*

238. Succinte Notizie intorno alla facciata della chiesa cattedrale Napoletana, da Pietro d'Onofri, poeta. *Napoli*, 1789, in-4, br. 5 planches.

239. Il Tempio della beata Virgine, detta del Pilastrello di Lendinara, con cenni istorici e descrittivi di Ant. Catti. *Venezia*, 1830, in-fol. cartonné, 4 *pages et* 3 *pl.*

240. Du Rétablissement des églises en France, par B. D. Aurouain. *Paris, Egron*, 1822, in-4, br. 8 pl.

SCULPTURE.

241. Storia della scultura del conte Cicognara. *Prato*, 1824, 7 vol. in-8, br. et atlas gr. in-fol. cartonné.

242. Istruzione elementare per gli studiosi della scultura di Fr. Corradori, prof. nella scuola di Firenze. *Firenze*, 1802, pet. in-fol. cart. 17 *pl.*

243. Histoire de la vie et des ouvrages de Michel-

Ange Bonarotti, par Quatremère de Quincy. *Paris, F. Didot*, 1835, gr. in-8, br. *portrait.*

244. Un Bronze de Michel-Ange, par Fréd. Reiset. *Paris, Thunot*, 1853, in-12, demi-rel.

245. Vita di Jacopo Sansovino, scultore ed architetto fiorentino, scritta da Tom. Temanza. *Venezia*, 1752, in-fol. vélin, 70 pages, *portrait.*

246. Vita di Jacobo Sansovino, scultore e architetto Veneziano, descritta da Vasari. *Venezia, Zatta*, 1789, in-fol. cart. 36 pages.

247. Vita di Jacopo Sansovino, scultore ed architetto, scritta da Tomaso Temanza. *Venezia*, 1752, in-4, cart.

248. Vita di Alessandro Vittoria, scultore, da Tom. Temanza, *Venezia*, 1827, gr. in-8 cart. *portrait.*

249. Vita di Alessandro Vittoria, scritta da Tomaso Temanza. *Venezia*, 1827, in-8, gr. pap. vélin, demi-rel. tiré in-4, *portrait.*

250. Le Opere di Guido Mazzoni e di Ant. Begarelli, celebri plastici Modenesi e le pitture eseguite nel palazzo della comunità di Modena. *Modena, Vincenzi*, 1823, gr. in-fol. demi-rel. n. r. 43 *pl. au trait.*

251. Vita del cavaliere Bernino, scultore, architetto et pittore, scritta da Filippo Baldinucci. *Firenze*, 1682, gr. in-4, cart. n. r. 8 pl.

252. Canova et ses ouvrages, ou Mémoires historiques sur la vie et les travaux de ce célèbre artiste. *Paris, Adrien Le Clère*, 1834, gr. in-8, pap. vél. br.

253. Vita di Ant. Canova, compilata da Missirini. *Prato, Giachetti*, 1824, in-8, br. *portrait.*

254. Saggio sulla vita e sulle opere di Ant. Canova, da G. Rosini. *Pisa, Capurro*, 1825, gr. in-8, demi-vélin, *fig. et portrait.*

255. Opere di scultura e di plastica di Ant. Canova, descritte da Isabella Albrizzi, nata Testochi. *Pisa, Capurro*, 1821-24, 4 vol. gr. in-8, demi-vélin, n. r. 150 *pl. au trait et le portrait d'Is. Albrizzi.*

256. Lettere familiari inedite di Ant. Canova e di Giann. Selva. *Venezia*, 1835, in-8, br.

257. Monument élevé à la gloire de Pierre le Grand, ou Relation des travaux exécutés pour transporter à Pétersbourg un rocher de trois millions pesant, destiné à servir de base à la statue équestre de cet empereur, par le comte Carburi de Ceffalonie. *Paris*, 1777, in-fol. br. 12 *grandes planches.*

258. Collezione di 25 statue e bassi-rilievi del signor Alberto Thorwaldsen, con una breve illustrazione di Angelo Carnevalini. *Roma*, 1826, in-fol. br. (24 planches et une double.)

259. Il Trionfo di Alessandro inciso da Franc. Garzoli, scolpito dal celebre artista Alberto Thorwaldsen, colle illustrazioni del Misserini. *Roma*, 1829, in-fol. br. 20 *pl. au trait.*

260. Gruppi pittoreschi modellati in terracotta da Bart. Pinelli. *Roma*, 1834, in-fol. cartonné, 29 *pl.*

261. Musée Dantan, galerie des charges et croquis des célébrités de l'époque, avec texte explicatif. *Paris, Delloye*, 1839, gr. in-8, br. *nombreuses figures.*

262. Il Reale Giardino di Boboli, nella sua pianta e nelle sue statue. *Sans lieu ni date*, in-4, cartonné, *frontisp. gravé, plan, portrait, et* 46 *planches représentant les statues dudit jardin.*

263. Due Trattati di Benvenuto Cellini : uno del oreficeria, l'altro della scultura. *Firenze*, 1731, in-4, cart. n. r.

264. Disegni diversi inventati e delineati da G. da Forli, argentiere del palazzo apostolico. *Roma,*

1714, 2 part. en 1 vol. in-fol. bas. fil. 98 planches.

265. Raccolta dei più pregevoli ornati esistenti nelle Venete provincie, dise n. da G. Zanetti. *Venezia*, 1827, in-4, 40 pl. cart n. r.

266. Raccolta di cento migliori ornati sparsi nella città di Venezia. 1836, in-4, cart. 19 pl.

267. Recueil de cent des meilleurs ornements qui se trouvent dans la ville de Venise. *Venise*, *Gattei*, 1840, pet. in-fol. br. 19 *planches au trait.*

268. Comte de Clarac. Description des ouvrages de la sculpture française des XVIe, XVIIe et XVIIIe siècles, exposés dans les salles de la galerie d'Angoulême. *Paris, Impr. royale*, 1824, brochure in-8.

GRAVURE.

269. Dictionnaire des artistes dont nous avons des estampes, avec une notice détaillée de leurs ouvrages gravés, par H. de Heineken. *Leipsick*, 1778-90, 4 vol. in-8, demi-rel.

270. Notices of engravers and their works, being the commencement of a new dictionary which it is not intended to continue, by W. Ottley. *London, Longman*, 1831, in-8, cart.

271. Notices générales des graveurs divisés par nations, et des peintres rangés par école, précédées de l'hist. de la gravure et de la peinture, par Huber. *Dresde et Leipzig*, 1787, in-8, v. fauve.

Bel exemplaire.

272. Memorie spettanti alla storia della calcografia del conte Leop. Cicognara. *Prato*, *Giachetti*, 1831, in-8, broché.

273. Manuel des curieux et des amateurs de l'art, contenant une notice des principaux graveurs et

un catalogue raisonné de leurs meilleurs ouvrages, par Huber et Rost. *Londres* (*Zurich*), 1797-1808, 9 vol. in-8, demi-rel.

274. Le Classiche Stampe dal cominciamento della calcografia fino al presente, compresi gli artisti viventi, corredate di critiche osservazioni dal dottore Giulio Ferrario. *Milano*, 1836, in-8, br.

275. Manuale del raccoglitore e del negoziante di stampe, contenente le stampe antiche e moderne più ricercate, compilato da S. Vallardi. *Milano*, 1843, in-8, br. 3 pl.

276. Di Cinque valenti incisori Mantovani del secolo XVI, e delle stampe da loro operate, memoria di Carlo d'Arco. *Mantova*, 1840, in-8, br. — Prospetto delle pitture, scult. ed architetture di Mantova, notizie di Suzani. *Mantova*, 1830, in-8, broché.

277. Catalogue raisonné de l'œuvre de Sébastien Le Clerc, dessinateur et graveur du cabinet du roi, par Ch.-Ant. Jombert. *Paris*, 1774, 2 vol. in-8, demi-rel.

278. Catalogo delle opere d'intaglio di Raffaello Morghen, raccolte da N. Palmerini. *Firenze, Molini*, 1810, in-8, br. *portrait.*

279. Opera d'intaglio del cav. Raff. Morghen, raccolte da N. Palmerini. *Firenze*, 1824, in-8, br. 2 pl. — Intorno tre celebri intagliatori in legno, memoria di G. B. Baseggio. *Bassano*, 1844, in-8, broché.

280. Catalogo di una raccolta di stampe antiche, compilato dallo stesso possessore, marchese Malaspina di Sannazaro. *Milano*, *Bernardini*, 1824, 5 vol. in-8, br. 19 *planches*, *contenant les marques des artistes.*

281. Collezione Manfredini di classiche stampe, da Finiguerra a Raff. Morghen, custodita nel semi-

nario di Padova di Neu-Mayr. *Venezia*, 1833, in-8. cart.

282. Ant. Neu-Mayr. Discorso consacrato alla memoria di Fed. Manfredini. — Collezione Manfredini di classiche stampe antiche e moderne. — Descrizione di due dipinti : uno di Baccio della Porta, l'altro di Guido Reni. *Venezia*, 1830-33, 4 part. en 1 vol. in-8, demi-rel. n. r. fig.

283. Descrizione della raccolta del conte J. Durazzo, esposta in una dissert. sull' arte dell' intaglio a stampa. *Parma*, *Bodoni*, 1784, in-4, v. m. fil. *portrait.*

284. Cabinet de Paignon Dijonval. État raisonné des dessins et estampes dont il est composé, rédigé par Bénard et impr. aux frais de M. Morel de Vindé. *Paris*, *Huzard*, 1810, in-4, demi-rel.

285. Catalogue raisonné du cabinet d'estampes de feu Winkler, banquier à Leipzig, par Huber et Stimmel. *Leipzig*, 1805, 2 vol. in-12, cart.

286. Catalogue raisonné du cabinet de Léopold Cicognara, par Zanetti. *Venise*, 1837, 3 part. en 1 vol. in-8, demi-vél. n. r.

Ouvrage important et rare.

MÉLANGES SUR DIVERS ARTS.

287. Notizie inedite della sagrestia pistoiese, del Campo Santo pisano e di altre opere di disegno del secolo XII al XV, raccolte dal prof. Ciampi. *Firenze*, *Molini*, 1810, in-4, br.

288. Raccolta di alcuni opuscoli sopra varia materia di pittura, scultura ed architettura, da Filippo Baldinucci. *Firenze*, 1765, pet. in-4, br.

289. Mémoires sur les ouvrages de terre cuite, et particulièrement sur les poteries, par Fourmy. *Paris*, 1802, in-8, cart. n. r.

290. Sugli Smalti, lettera di Cesare Cantù. *Milano*, 1833, in-8, br.

291. Armeria antica e moderna di Carlo Alberto, descritta dal conte Vittorio Seyssel, d'Aix. *Torino*, 1840, gr. in-8, cart. nomb. fig.

292. Delle Gemme e delle regole per valutarle, operetta ad uso dei Giojellieri principianti, da Pio Naldi. *Bologna*, 1791, in-4, cart. n. r.

293. Regole pratiche per disegnare gli alfabeti majuscoli ad uso di compartire con esatezza le iscrizioni sopra qualunque data superfizie, opera di B. Trecco. *Vicenza*, 1820, fig. au trait, in-4, v. fil. n. r.

294. Delle antiche Carozze e segnamente di due Veronesi, cenni del conte Giov. Gozzadini. *Bologna, Monti*, 1862, in-fol. br. 20 *pages et* 2 *pl.*

295. La Peinture, poëme en trois chants, par Le Mierre. *Paris, Lejay*, 1769, in-4, cart. *frontispice gravé, avec un médaillon du grand Corneille.* — La Peinture, poëme, par Michel d'Avignon. *Lyon*, 1767, in-8, 11 pages, *fig. et vignettes.*

296. Notizie inedite della sagrestia pistoiese, dei belli arredi del Campo Santo pisano e di altre opere dal secolo XII al XV, raccolte dal prof. Ciampi. *Firenze*, 1810, in-4, br. 4 pl.

297. Illustrazione di un' urnetta, lavorata d'oro e di altri metalli, etc., opera dell' abate Francesconi. *In Venezia, s. d.*, in-8, cart.

298. Di un' Urnetta lavorata d'oro, etc., illustrazione di Daniele Francesconi. *Venezia*, 1800, in-8, cart. 3 planches.

OUVRAGES A FIGURES.

299. Pitture a fresco del Campo Santo di Pisa, intagliate da Carlo Lasinio. *Firenze, Molini*, 1812,

in-folio maximo, demi-rel. n. r. 41 *planches magnifiquement exécutées.*

300. Figure del cenacolo dipinto nel 1505, da Raffaello Sanzio, nel monastero di San Onofrio di Firenze, incise dal pittore Ignazio Zotti. *Firenze*, 1856, gr. in-fol. demi-cuir de Russie. 22 *planches au trait.*

301. Pitture del Coreggio. 35 pl. au bistre, gr. in-fol. demi-rel.

302. Celeberrimi Fr. Mazzolæ Parmensis graphides, per Ludovicum Inig. Bononiæ collectæ, anno 1788. — Saggio di disegni della rinomata raccolta presso il Sig. Carlo Bianconi. *Bologna.* — Disegni incisi da Fr. Rosaspina, Bolognese, 3 part. réunies en 1 vol. gr. in-fol. demi-rel. (50 *pl.*)

303. Le Pitture di Pelleg. Tibaldi e di Nicolo Abbati, esistenti nello instituto di Bologna, descritte da G. Zanotti. *In Venezia*, 1756, gr. in-fol. vélin, dent. tr. dor.

Magnifique ouvrage orné d'un frontispice, de deux beaux portraits, de 18 vignettes dans le texte et de 41 belles gravures, par Bart. Crivellari, d'après Tibaldi.

304. Tavole annesse all' opera del Sig. Forster su i dipinti della cappella di San Giorgio. *In Padova*, *s. d.*, gr. in-fol. br. 14 *planches au trait.*

305. Musées, églises et collections de Rome et des États romains, gravés par Réveil. *Paris*, *Audot*, 1837, pet. in-8, demi-rel. n. r. *Nombreuses figures au trait.*

306. Galerie du musée Napoléon, publiée par Filhol, graveur. *Paris*, 1802 à 1815, 10 tomes en 11 vol. gr. in-8, demi-rel. n. r.

Exemplaire d'ancien tirage.

307. Annales du musée et de l'École moderne des beaux-arts, par Landon. *Paris*, 1801 à 1808, 16 vol. — Paysages et tableaux de genre, par le

même. 1805, 4 vol. Ens. 20 vol. in-8, demi-vélin, bl. n. r. *nombreuses figures au trait.*

308. Recueil des ouvrages de peinture, etc... exposés le 25 août 1810, dans le grand salon du Musée par Landon. *Paris, F. Didot*, 1810, in-8, cart. 45 *pl. au trait.*

309. Musée de Versailles, avec un texte historique, par Th. Burette. *Paris, Furne*, 1844, 3 vol. gr. in-4, demi-rel. *avec environ* 150 *gravures.*

310. Tableaux du cabinet de M. Poullain, par Fr. Basan. *Paris*, 1781, pet. in-fol. cart. n. r. 120 *planches.*

311. Recueil d'estampes gravées d'après les tableaux du cabinet du duc de Choiseul, par les soins du sieur Basan. Gr. in-4, cart. n. r. 123 *planches, plus les doubles et le portrait du duc de Choiseul.*

312. Pitture scelte, e dichiarate da Carla Caterina Patina, Parigina accademica. *Colonia e Venezia*, 1691, in-fol. cart. 42 *planches.*

La dernière planche, gravée d'après un tableau de Jouvenet, représente la amille de Ch. Patin.

313. Tabellæ selectæ ac explicatæ à Carola Patina, Parisina academica. *Patavii*, 1691, in-fol. v. 42 *pl. y compris le frontispice.*

314. Collezione dei quadri scelti di Brescia, disegnati, incisi ed illustrati da Aless. Sala. *Brescia*, 1817, in-fol. br. 26 *pl.*

315. Salvator Rosa has ludentis otii Carolo Rubeo singularis amicitiæ pignus D. D. D. 57 *planches*, pet. in-fol. demi-rel.

316. Le Arti di Bologna disegnate da Annibale Caracci ed intagliate da S. Guilini. *In Roma*, 1740, in-fol. demi-rel. 80 *pl.*

317. Alphabet illustré par J.-M. Mitelli, édition publiée à Ausbourg, par Fr. Léopold. 1717, in-fol. br. 24 *pl.*

318. Recueil de 30 vues de Florence, gravées par Angeli, Cappiardi et autres. In-4 oblong, br.

319. Il Palazzo ducale di Venezia, illustrato da Fr. Zanetto. *Venezia, Antonelli*, 1834-58, 3 vol. de texte et 1 vol. contenant 188 planches. Le tout formant 4 vol. gr. in-4, demi-rel. n. r.

Ouvrage très-bien exécuté et rare en France.

320. Vedute, altre prese dei luoghi, altre ideate, da Ant. Canal, e da esso intagliate in prospettiva. 17 planches, gr. in-fol. demi-rel.

Belles épreuves des eaux-fortes originales du Canaletto.

321. Vedute di Venezia, disegnate ed incise da D. Moretti. Pet. in-4, oblong demi-rel. 40 *pl.*

322. Memorie di alcune più celebri fabbriche e situazioni di Venezia. *Presso Teod. Viero*, 1831, in-8 obl. cart. 36 *pl.*

323. Siti storici e monumentali di Venezia, disegni di Giov. Pividor, note di P. Chevalier. *Venezia*, 1838, gr. in-8, cart. *fig. lithogr.*

324. Le Belle Arti in Venezia. *Venezia, Orlandelli*, in-12, demi-rel. n. r. 38 *planches.*

325. Raccolta di prospettive di paesaggio inventate da Ant. Rasoli, disegnate da Nic. Pertsch e Tom. Viola. *Venezia*, 1830, in-4 oblong, demi-rel. 50 *pl. au trait.*

326. Theod. Viero. Recueil de 48 pl. dessinées par Marco Ricci, gravées par Jul. Giampiccoli, et les personnages par Tonpoli. *Venise, s. d.*, gr. in-fol. oblong, cartonné.

327. Le più belle Vedute della antichissima isola di Torcello, nella laguna di Venezia. *Venezia*, 1828, in-fol. oblong, demi-rel. 11 pl. et une carte.

328. Omaggio delle provincie Venete alla maestà di Carolina Augusta, imperatrice d'Austria. Edizione fatta per cura di B. Gamba e di L. Cicognara. *Venezia, Alvisopoli*, 1818, gr. in-fol. demi-rel. n. r. 17 *pl. formant* 18 *sujets*.

329. Ara amicitiæ. *Parmæ*, 1768, 12 pages gr. in-fol. dont 4 pl. gravées par Bossi et Baratti, d'après A. Petitot.

329 *bis*. Monumenti sepolcrali della Toscana disegnati da Vicenzo Gozzini ed incisi da P. Lasinio *Firenze*, 1819, in-fol. br. 47 *pl. au trait.*

330. La Rigenerazione della Olanda, specchio a tutt i popoli rigenerati. *Venezia, Zatta di Antonio*, 1799, in-fol. demi-rel. 19 *caricatures politiques*.

331. Collection de 12 vues de Waterloo, lithographiées. *Bruxelles*, in-4 obl. br.

332. Trésor de numismatique et de glyptique, ou Recueil général de médailles, monnaies, pierres gravées, bas-reliefs, ornements, etc. etc., tant anciens que modernes, les plus intéressants sous le rapport de l'art et de l'histoire, gravé par les procédés de M. Achille Collas, sous la direction de MM. Paul Delaroche, peintre; Henriquel Dupont, graveur; Ch. Lenormant de l'Institut, etc., etc. *Paris, Ritner et Goupil*, 1834-1850, 20 parties in-fol. comprenant plus de 1,000 planches accompagnées d'un texte descriptif, rel. en 11 vol. demi-rel. v. mar.

Bel exemplaire de souscription, non rogné, premier tirage des planches.

333. Empereurs romains et impératrices romaines, 22 planches par Sadeler, in-fol. br.

334. Imagines pontificum romanorum a Sancto Petro usque ad Benedictum XIII. *Lips.*, 1737, in-fol. br. 6 *pl. sans texte.*

335. Vite de gli imperatori dei Turchi, con le loro

effigie intagliate e date in luce da P. Bertelli. *Vicenza*, 1599, pet. in-fol. cartonné. 15 *portraits.*

336. Les Illustres Français, ou Tableaux historiques des grands hommes de la France, gravés par Ponce d'après les dessins de Marillier, *Paris, l'auteur*, *s. d.*, in-fol. demi-rel. 49 *pl.*

337. Icones veterum aliquot medicorum philosophorum, etc., opera J. Sambuci. *Antuerp.*, 1574, in-fol. demi-rel. 67 portraits entourés de cartouches variés, gravés à l'eau-forte.

338. Imago bonitatis Dei. — Boni et mali scientia. — Bonorum et malorum consensio. — Nimbus calamitatum humani generis. *Antuerpiæ*, 1586, 50 planches gravées par J. Sadeler, in-4 oblong, parch.

339. La Naissance, la chute, la réparation et le salut de l'homme. *Paris*, *Pierre Mariette*, *s. d.*, pet. in-4, cart. 12 *planches très-finement gravées.*

340. Tableaux du temple des Muses, avec des descriptions, par l'abbé de Marolles. *Amst.*, *Wolfgank*, 1676, pet. in-4, v. fig.

341. De aureo Christiani quinti Daniæ et Norvegii principis cornu, Olai Wormii dissertatio. *Hafniæ*, 1641, in-fol. vélin, fig.

342. Descrizione istorica della estrazione della nave *la Fenice*, dal canale Spignon, in cui giacque circa tre anni totalmente sommersa. *S. l. n. d.*, 1789, in-4, br. *frontisp. gr. et 7 grandes planches.*

SOLENNITÉS ET FÊTES.

343. Funeraii antichi di diversi popoli, descritti in dialogo da Thomaso Percacchi, con le figure di Gir. Porro. *In Venetia*, in-4, parch. vélin. *frontisp. gravé et* 23 *pl.*

344. I Riti nuziali degli antichi Romani, da Lorenzo Becattelli; per le nozze di Giov. Lambertini, con donna Lucrezia Savorgnan. *Bologna*, 1762, in-fol. br. n. r. 10 *pl. et médaillons gravés dans le texte, frontisp. et portraits.*

345. I Riti nuziali degli antichi Romani. *Bassano*, 1802, in-4, br. *frontisp. gravé.*

346. I Riti nuziali dei Romani e dei Longobardi, da P. Coronelli. *Venezia*, 1790, in-fol. cart. 24 p.

347. Delle Pompe nuziali già usate presso li Veneziani e li Padovani, Dissertazioni di Jac. Morelli e di Gius. Gennari. *Venezia*, 1819, in-4, br.

348. Le Feste Torinesi de l'aprile 1842, descritte da Luigi Cibrario. *Torino*, 1842, gr. in-8, br. fig.

349. Lettera nella quale si descrive l'ingresso nel palazzo ducale della Sereniss. Morosina Morosini Grimani principessa di Vinetia. *In Vinetia*, 1597, in-4, cartonné.

350. Il Voto, favola pastorale rappresentata al S. Principe di Venetia Marino Grimani. *Venetia*, 1600, pet. in-4, vélin.

351. Componimenti poetici per l'ingresso solenne alla dignità di procuratore de S. Marco, per merito, del signor G.-Fr. Pisani. *Nella stamperia Albrizzi. s. d.*, in-fol. cart.

Beau volume avec portrait, frontispice gravé, et orné de 76 encadrements variés.

352. Componimenti poetici per l'ingresso solenne alla dignità di procuratore di S. Marco, per merito, del signor Lud. Manin. (*Venezia*) *S. d., nella stamperia Albrizzi*, in-fol. cartonné.

Volume très-bien exécuté, orné d'un frontispice gravé, d'un portrait de L. Manin, de culs-de-lampe, de fleurons et d'un superbe encadrement à chaque page.

353. Descrizione dell' apparato funebre per le esequie celebrate dalla nazione spagnuola, nella sua

chiesa in Roma, alla memoria di Carlo III. *In Roma*, 1789, in-fol. br. 10 grandes planches.

354. Descrizione delle feste celebrate in Venezia per la venuta di Napoleone il Massimo, data al pubblico dal cavaliere Morelli. *Venezia*, 1808, in-fol. cart. *frontisp. gravé et 4 planches.*

355. Ragguaglio della solenne comparsa fatta in Roma gli otto di gennaio 1687, dal signor conte di Castelmaine, ambasciatore straordinario di Giacomo secondo, re d'Inghilterra. *In Roma, nella stamperia di Ant. Ercole*, in-fol. vélin, *front. gravé, et 15 pl. des plus curieuses.*

356. La sontuosa Illuminazione della città di Torino per l'augusto sposalizio di Carlo Emmanuele, re di Sardegna, e di Elis. Teresa, principessa di Lorena. *Torino*, 1737, in-fol. v. br. *armoiries.* 14 pl.

357. Giuochi festivi e militari, danze, serenate, regatta solenne, esposti dal duca di Brunsvick, nel tempo di sua dimora in Venetia. *Venetia, Poletti*, 1686, in-fol. br. n. r. 10 *grandes planches et 34 pages de texte.*

358. Currus triumphalis ad adventum Pauli Petrowitz in divi Marci Venetiarum foro, anno 1782, in-fol. oblong, demi-rel. 10 pl.

359. Omaggio alla maestà di Carolina, imperatrice d'Austria, fatto dalle provincie Venete. *Venezia, Alvisopoli*, 1818, in-fol. cart. n. r.

Recueil de 17 planches (statues et peintures) gravées à l'occasion de la réception de l'impératrice d'Autriche à Venise.

360. Descrizione delle feste celebrate in Parma per le nozze dell' infante Fernando di Borbone con l'archiduchessa Maria Amelia, l'anno 1769. *Parma*, gr. in-fol. carte, n. r.

Magnifique ouvrage, orné de 40 planches dessinées par Petitot, et gravées par Volpato, Ravenet, Bossi, Baretti, etc., et d'une quantité de jolies vignettes gravées dans le texte.

361. La Gran Cavalcata di Clemente VII e Carlo Quinto della sala Ridolfi, dipinta dal. Brusasorgi, incisa in otto tavole dal Ag. Comerio. *Verona, s. d.* gr. in-fol. oblong. br. 8 *grandes planches au trait.*

362. Descrizione delle feste celebrate in Venezia, per la venuta di Napoleone il Massimo, data al pubblico dal cavaliere Morelli. *Venezia*, 1808, in-fol., br. 32 *pages et* 5 *planches, par Albertolli.*

363. In funere Caroli III, Hisp. regis catholici, oratio, a Bernardino Ridolfi. *Parmæ*, *Bodoni*, 1789, in-4, fig. gravées par Ralph. Morghen, demi-rel.

364. Costumi romani disegnati ed incisi da Carlo Lindstroem. *Roma*, 1830, pet. in-4, demi-rel. 20 pl.

365. Soggetti pittoreschi e costumi di Venezia, incisi da Eugenio Rosa, pittore Veneziano. *Venezia*, *s. d.* in-4 br. 24 *planches.*

366. Collection de divers habillements suivant les différents costumes (militaires). *Vienne, Artaria*, *s. d.*, in-fol. 14 planches.

NUMISMATIQUE ANTIQUE.

367. Lexicon rei nummariæ veterum, cum observationibus antiquariis, edidit Christof. Rasche. *Lips.*, 1785-1805, 7 tomes en 14 vol. in-8, y compris 3 vol. de supplément, demi-rel.

Ouvrage important et rare.

368. Numi veteres anecdoti, collegit et illustravit Josephus Echkel. *Viennæ*, 1775, 2 part. en 1 vol. in-4, cart. n. r. 17 planches.

369. La Science des médailles (par Jobert). *Paris*, de Bure, 1739, 2 vol. in-12, bas. *titre gravé et fig.*

370. Dom. Sestini. Dissert. sopra le medaglie antiche relative alla confederazione degli Achei. *Milano*, 1817, 44 pages et 3 pl. — Descrizione degli Stateri antichi illustrati con le medaglie. *Firenze, Piatti*, 1817, 144 *pages* et 8 planches. Le tout en 1 vol. in-4 cart. n. r.

371. Ad numismata regum veterum anecdota accessio nova, conscripta ab Erasmo Frœlich. *Viennæ*, *s. a.*, in-4, br. 3 pl.

372. La Sicilia, di Filippo Paruta, descritta con medaglie. *In Lione*, 1697, in-fol. v. m. (150 pl.)

373. De duabus formis archetypis æneis ad antiquum numisma majoris moduli pertinentibus, disquisitio Simonis Stratico. *Veronæ*, 1799, gr. in-8, br.

374. De nummis regum Mysiæ ad Venetos typos percussis. *Venetiis*, 1750. — Dell' origine e dell' antichità della moneta veneziana, da Girol. Zanetti. *Venezia*, 1750, 2 part. en 1 vol. gr. in-8, fig.

375. Dubia de Mounisari aliorumque Armeniæ regum nummis, proposita per Erasmum Frœlich. *Viennæ*, 1754, in-4, cart. n. r. *Une planche.*

376. De duobus imperatorum Russiæ nummis (autore Bernardo Nani). *Venetiis*, 1752, gr. in-8, vélin, 2 pl.

377. Museo de las medallas desconocidas españolas, publicato por Don Juan de Lastanosa, señor de Figuarelas. *Impresso en Huesca*, *J. Noguez*, 1645, in-4, parch. 32 *planches*. (*Très-rare.*)

378. Epitome Thesauri antiquitatum imp. ex antiquis numismatibus fidelissime delineatarum, ex musæo Jac. de Strada. *Lugd.*, 1554, pet. in-fol. parch. fig.

379. Discorsi di Enea Vico sopra le medaglie de gli antichi. *Vinegia*, *Giolito*, 1555, pet. in-4, v. fauve.

380. Reliqua librorum Æneæ Vici Parmensis ad imperatorum historiam ex antiquis nummis pertinentium, a Jacobo Franco Veneto in lucem edita. *Venetiis*, 1601, pet. in-4, demi-rel. 68 *planches de médailles*.

381. An Essay on the roman denarius and english silver penny, showing their derivation from the greek drachma of Ægina, by W. Till. *London, Longman*, 1838, in-12 cart. *fig. de médailles*.

382. Familiæ romanæ quæ reperiuntur in antiquis numismatibus ab urbe condita ad tempora Augusti, ex bibliotheca Fulvii Ursini. *Romæ, s. d.*, in-fol. bas. *front. gr. et fig. de médailles*.

383. Le Monete delle antiche famiglie di Roma, dette comunemente consolari, raccolte dal giudice Gennaro Riccio. *Napoli*, 1843, in-4 br. 289 pages et 71 planches.

384. Saggio di osservazioni sulle medaglie di famiglie romane, ritrovate nell' agro Modenese negli anni 1812, 1815 e 1828. *Modenæ*, 1829, in-8, br.

385. Cæsar Augustus, sive historiæ imperatorum cæsarumque romanorum ex antiquis numismatibus restitutæ; accessit Cæsaris Augusti vita et res gestæ, auctore Huberto Goltzio. *Brugis Flandrorum*, 1574, in-fol. vélin. *Médailles*. 89 *planches*.

386. Series Augustorum et Cæsarum, autore Laurentio Patarol. *Venetiis*, 1702, pet. in-4, parch. *Médailles*.

387. De Nummo pantheo Hadriani imperatoris dissertatio Cl. Nicasii. *Lugd.*, 1689, in-4, demi-rel. Médailles gravées dans le texte.

Présent de l'auteur au comte Mezzobarba.

388. Descriptions des médailles gauloises faisant partie des collections de la Bibliothèque royale, avec des notes, par Ad. Duchalais. *Paris, Rollin*, 1846, in-8, d. v. fauve, 4 pl. (*Rare.*)

389. Les Médailles gallo-gaéliques. Description de la trouvaille de l'île de Jersey, par le baron de Donop. *Hanovre*, 1838, 40 pages et 32 pl., in-4, br.

390. De Imperat. Constantinopolitanorum numismatibus. Dissertatio Caroli du Fresne du Cange. *Romæ*, 1755, in-4, br. 4 pl.

NUMISMATIQUE DU MOYEN AGE ET MODERNE.

391. Nummus æreus veterum christianorum commentario explicatus. *Romæ*, 1737, in-4, demi-rel. fig.

392. Ant. Pintii de nummis Ravennatibus dissertatio. *Venetiis*, 1750, in-4, br. 5 pl.

393. Numismata romanorum pontificum præstantiora, per Rodulphinum Venuti aucta ac illustrata. *Romæ*, 1744, in-fol. fig. bas.

394. Breve Saggio sullo scudo d'oro, da Camillo Marsuli. *Roma*, 1829, gr. in-8, br.

395. Antiquiores pontificum romanorum Denarii, a Joanne Vignolio, studio Bened. Floravantis. *Romæ*, 1734, in-4, demi-vélin, fig. — Kundmanni Silesii in nummis, etc. *Lips.*, 1738, in-4, demi-rel. 35 pl.

396. Antiquiores pontificum romanorum Denarii, notis illustrati a Joanne Vignolio, studio et cura Bened. Floravantis. *Romæ*, 1734, in-4, portrait. *Planches gravées dans le texte.*

397. Antiqui romanorum pontificum Denarii, notis illustrati a Ben. ab Floravante. *Romæ*, 1738, 2 part. en 1 vol. in-4, vélin, fig.

398. De Nummo argenteo Benedicti IV, dissertatio, autore Josepho Gurampio. *Romæ*, 1749, in-4, vélin.

399. Bellini Vincentii de Monetis Italiæ medii ævi, quæ in patrio musæo servantur. *Ferrariæ*, 1767, in-4, br. fig.

400. Storia delle monete della repubblica Fiorentina, data in luce da Ignazio Orsini, academico fiorentino. *In Firenze*, 1760, in-4, vélin. 6 *planches et quantité de fig. de médailles gravées dans le texte.*

401. Storia delle monete de i gran duchi di Toscana, della casa de i Medici, scritta da Ign. Orsini. *In Firenze*, 1756, in-4, demi-rel. 29 pl.

402. Storia delle monete de i gran duchi di Toscana, della casa de i Medici, scritta da Ignazio Orsini. *Firenze*, 1756, in-4, cart. 28 pl.

403. Osservazioni critiche intorno all' origine ed antichità della moneta Veneziana, di Giulio di S. Quintino. *Torino*, 1847, in-4, br. 2 pl.

404. Delle Monete de i Veneziani dal principio al fine della loro repubblica. Parte prima. *Venezia*, 1818, in-4, br. *fig. dans le texte.*

405. Delle Monete de i Veneziani, dal principio al fine della loro repubblica. Parte prima. *Venezia*, 1818, pet. in-fol. cart. n. r.

406. Illustrazione delle medaglie dei dogi di Venezia, denominate Oselle, da Leonardo Manin. *Venezia*, 1847, gr. in-8, cart. 7 *grandes planches.*

407. Illustrazione delle medaglie de i dogi di Venezia, denominate Oselle, da And. e Franc. Giovanelli. *Venezia*, 1834, in-fol. br. 6 gr. pl.

408. Leonardo Manin. Illustrazione delle medaglie dei Dogi di Venezia, denominate Oselle. *Venezia*, 1847, gr. in-8, br. 5 *grandes planches.*

409. Le Monete dei possedimenti Veneziani, descritte ed illustrate da Vincenzo Lazari. *Venezia*, 1851, in-8, demi-rel. 14 pl. (*Rare.*)

410. Monete del regno di Napoli, raccolte da Ant. Vergara. *Roma*, 1715, pet. in-4, demi-rel. 58 pl.

411. Sulle Monete dette *Cinquine*, battute regnanti gli Aragonesi, ragionamento di G. Vincenzo Fusco. *Napoli*, 1845, 36 pages, in-8, br. 2 pl.

412. Delle Monete di Ferrara, trattato di Vincenzo Bellini. *In Ferrara*, 1761, pet. in-fol. vél.

413. Sopra le monete de i vescovi di Trieste. Dissertazione di Orniteo Lusanio. *Trieste*, 1788, in-fol. demi-rel. fig.

414. Notizie della Zecca e della monete recanatesi, raccolte da Monaldo Leopardi. *Recanati*, 1822, pet. in-fol. br. fig.

415. Description des monnaies espagnoles et des monnaies étrangères qui ont eu cours en Espagne depuis les temps les plus reculés jusqu'à nos jours, composant le cabinet de Don José Garcia de la Torre, par J. Gaillard. *Madrid*, 1852, in-8, cart. 22 pl.

416. Recherches sur les monnaies des évêques de Metz, par de Saulcy, avec le supplément. *Metz*, 1833-35, 2 vol. in-8, br. 9 pl.

417. P. Lambros. Monete inedite dei gràn maestri dell' ordine di San Giov. di Gerusalemme in Rodi. *Venezia*, 1865, 2 broch. gr. in-8. br.

418. Nicolas Seelander. Ses écrits sur les monnaies allemandes du moyen âge. *Hanovre*, 1743, in-4, demi-vél. fig. (En All.)

419. Thesaurus nummorum Sueo-Gothicorum, studio Eliæ Brenneri. *Holmiæ*, 1731, in-4, br. *Frontispice gravé, portrait et* 63 *planches*. (*Très-rare*.)

420. Museum Mazuchellianum, seu numismata virorum quæ apud comitem Mazuchellum Brixiæ servantur, ab Antonio de comitibus Gaetanis edita. Lat. et ital. *Venetiis*, 1861, 3 vol. in-fol. demi-rel. 208 pl.

421. Monete e medaglie degli Spinola di Tassarolo, Arquata, Roneo, Roccaforte, etc., che serbansi nella università di Genova, descritte da Agost. Olivieri. *Genova*, 1860, gr. in-8, 22 planches et une carte, br.

422. Illustrazione di una rarissima medaglia, rappresentante Bindo Altoviti, opera di Michelangiolo Buonarroti. *Firenze, Magheri*, 1824, in-8, br. fig.

423. Recueil de médailles pour servir à l'histoire de Frédéric le Grand. *Berlin, Fromery,* 1764, pet. in-4, cart. 50 pl.

424. Histoire métallique de la Révolution française, par Millin. *Paris*, *Impr. impér.* 1806, in-4, br. 26 pl.

425. Histoire métallique de Napoléon, ou recueil des médailles et monnaies frappées sous son règne (par Millingen). *Londres,* 1819, et suppl. 1821, 2 vol. in-4, cart. n. r. (74 pl.).

ARCHÉOLOGIE.

425 *bis*. Lezioni elementari di Archeologia, esposte nella pontificia università di Perugia, da G.-B. Vermiglioli. *Perugia*, 1822, 2 vol. in-8, br.

426. Monumenti antichi inediti, spiegati da G. Winckelman. *Roma*, 1767, 2 tom. en 1 vol. in-fol. demi-rel. 208 pl.

427. Recueil d'Antiquités égyptiennes, étrusques, grecques et romaines, par le comte de Caylus. *Paris*, *Desaint*, 1761-67, 7 vol. in-4, demi-rel. *Environ* 800 *planches*.

428. Itinéraire descriptif de l'Attique et du Péloponnèse, par Ferd. Aldenhoven. *Athènes*, 1841, in-8, demi-rel. fig. *et plans*.

429. Recherches sur l'origine, l'esprit et les progrès des arts de la Grèce (par Hugues d'Hancarville). *Londres*, *Appleyard*, 1785, 3 tom. en 2 vol. in-4, y compris le supplément. Demi-rel.

Tome Ier, 29 planches, dont plusieurs doubles. — Tome II, 34 planches, et le Supplément 22.

430. Antiquités étrusques, grecques et romaines, tirées du cabinet d'Hamilton (par Hugues d'Hancarville), en angl. et en franç. *Naples*, 1766, 4 tom. en 8 vol. gr. in-fol. demi-rel. n. r. *4 vol. de texte et 4 vol. de planches coloriées.*

431. The Antiquities of Athene, by James Stuard and Revett. *London*, 1761-1787, 2 vol. gr. in-fol. veau m. fil. fig.

Les tomes III et IV ont été publiés en 1794 et 1816.

432. Atene attica, descritta da suoi principii sino al 1687, da Francesco Fanelli. *Venezia*, 1707, in-4, fig. vél.

433. W. Lazii Rerum græcarum libri duo. *Hanoviæ, Wechel,* 1605, in-fol. cart. médailles dans le texte.

434. Iscrizioni greche Triopee, ora Borghesiane, con osservazioni di E. Q. Visconti. *Roma*, 1794, 2 *pl. et titre gravé.*

435. Estratto dell' opera intitolata : il Giove Olimpico, dal sig. Quatremère de Quincy. *Venezia*, 1817, in-8, br. fig.

436. Dei quattro cavalli riposti sul pronao della basilica di S. Marco, narrazione storica. *Venezia*, *Alvisopoli*, in-4, cart. *fig. au trait.*

437. Sur la statue antique de Vénus Victrix, découverte dans l'île de Milo, en 1829. *Paris*, *Didot aîné*, 1821, in-4, br. fig. 67 pages.

438. Il Trono di Nettuno, illustrato dal padre Jac. Belgrado. *In Cesana,* 1766, in-4, br. fig.

439. Osservazioni sopra un frammento antico rappresentante Venere, da Gaetano Cattaneo. *Mi-*

lano, regia stamperia, 1819, gr. in-4, br. 48 *pag. et 2 planches.*

440. Illustrazione al sarcofago agrigentino, rappresentante l'Ippolito d'Euripide. Scultura in marmo antico, di R. Politi. *Palermo,* 1822, in-4, br. 22 pp. et 4 pl.

441. Descrizione della cassa di Cipselo, tradotta dal greco di Pausania, ed illustrata da Sebast. Ciampi, *Pisa, Capurro,* 1814, in-8, br.

442. THE RUINS of Balbec, otherwise Heliopolis in Cœlosyria (by Robert Wood). *London,* 1757, gr. in-fol. v. m. armoiries. 46 *pl. gravées par T. Major et Fourdrinier.*

Belles épreuves.

443. Les Ruines de Palmyre, autrement dite Tedmor au désert (par Robert Wood). *Lond., Millar,* 1753, gr. in-fol. v. m. armoiries. 57 *pl. gravées par Fourdrinier.*

Belles épreuves.

444. Epigrammata (sive inscriptiones) antiquæ urbis (Romæ). *Romæ, in ædibus Jac. Mazochii,* 1521, in-fol. vél. (*Nombreuses fig. sur bois.*)

Volume rare.

445. Antiquæ urbis Romæ cum regionibus simulacrum. *Roma,* 1532, in-fol. vél. 21 *fig. sur bois.*

446. Descrizione topogr. ed istorica di Roma moderna, opera di Rid. Venuti. *Roma,* 1767, 4 vol. in-8, demi-rel. fig.

447. Roma antica, di Famiano Nardini, con note. *Roma,* 1771, 4 vol. in-8, demi-rel.

448. Le Antichità della città di Roma, per Lucio Mauro. *Venezia,* 1558, pet. in-8, demi-rel.

449. Vestigi dell' antichità di Roma, Tivoli, Pozzuolo ed altri luoghi. *Stampati in Praga da Æ. Sadeler,* 1606, 49 pl. in-4 obl. demi-rel.

450. Le Antichita, ossia raccolta delle vedute di Roma antica disegnate ed incise da Luigi Rossini. *Roma, Mercuri*, 1829, in-fol. maximo, dos et coins de cuir de Russie. 105 *planches superbement exécutées.*

451. Vestigi delle antichità di Roma, Tivoli, Pozzuolo ed altri luoghi. *Stampati in Praga, da Ægidio Sadeler*, 1606, in-4 oblong, v. fauve. (*Mouillures.*)

50 planches gravées par Sadeler, et 20 par D. Rossi.

452. Delle Memorie sacre del anfiteatro Flavio di Roma, dissertazione di Giov. Marangoni. *Roma*, 1746, in-4, cart.

453. Le Terme dei Romani disegnate da Andrea Palladio, con la giunta di alcune osservazioni di Ottavio Scamozzi. (ital et franç.). *Vicenza*, 1785, gr. in-fol. demi-rel. 25 planches.

454. Monumentum, sive columbarium libertorum et servorum Liviæ Augustæ et Cæsarum, Romæ detectum in via Appia, anno 1726, ab Ant. Francisco Gorio descriptum. *Florentiæ*, 1727, in-fol. cart. n. r. 20 *gr. planches.*

455. Pitture antiche ritrovate nello scavo aperto in una vigna accanto il ospedale di San Giovanni in Laterano, l'anno 1780, da Giov. C. Sommas, in-fol. br. 18 *pages et* 10 *planches.*

456. Camera ed inscrizioni sepulcrali de i liberti, servi ed officiali della casa di Augusto, scoperte sulla via Appia, ed illustrate da Franc. Bianchini. *Roma, Salvioni*, 1727, in-fol. d. mar. vert, n. r. 7 *grandes planches.*

457. De Obelisco Cæsaris Augusti e campo Martio nuperrime effosso, epistola Jacobi Stuart ad Carolum Wentworth. *Romæ*, 1750, gr. in-fol. vélin, n. r.

458. La Colonna Antonina di Roma. In-4 oblong, demi-rel. 148 planches.

459. Spiegazione dei bassirilievi che si osservano nella urna sepolcrale d'Alessandro Severo, pubblicata dall' abate R. Venuti. *In Roma*, 1756, in-4, 4 pl.

460. MONUMENTI ETRUSCHI, e di etrusco nome, disegnati, incisi, illustrati e pubblicati dal cav. INGHIRAMI. *Firenze, dai torchi dell' autore*, 1821-26, 7 tomes en 10 vol. in-4, demi-rel. dos de vélin, n. r. *avec un grand nombre de planches en partie coloriées.*

461. LE ANTICHITA DI ERCOLANO, esposte con qualche spiegazione (da Ottavio Bayardi). *Napoli, reg. stamp.*, 9 vol. in-fol. max. demi-rel, n. r. *fig.*

Pittura, 1757, 5 vol. — Bronzi, 1767, 2 vol. — Lucerne, 1792, 1 vol. — Catalogo, 1795, 1 vol. Le tout accompagné d'environ 600 planches par Ferd. Campana, Nic. Vanni, Fiorillo et autres artistes.

462. De le Antiquità de Verona, con novi agionti da Zuane Caroto, pitore Veronese. *Verona, apreso Paulo Ravagnan*, 1560, gr. in-fol. cart. *planches en bois et nombreuses inscriptions.*

463. Spiegazione e riflessioni di G. Allegranza sopra alcuni sacri monumenti antichi di Milano. *In Milano*, 1757, in-4, v. m. fil. 8 pl.

464. Dello Anfiteatro di Pola, saggio di P. Stancovich. *Venezia*, 1822, in-8, 8 pl.

465. Ragguagli di varii scavi e scoverte fatte nell' isola di Capri dal sig. Hadrava. *Napoli*, 1793, in-8, demi-rel. 9 pages.

466. Millin. Description des tombeaux découverts à Pompéi en 1812. *Naples*, 1813, 7 pl. — Description d'un Camée du cabinet des antiques. *Paris*, 1800, fig. — Description d'un vase trouvé à Tarente, 1814, 1 pl. — Ensemble 3 part. en 1 vol. gr. in-8, demi-vélin, n. r. fig.

467. Notizie della scultura degli antichi, dell' abate Luigi Lanzi. *Poligraphia fiesolana*, 1824, in-8, br. 19 *pl. et un portr.*

468. J. B. Passerii de pueri etrusci aheneo simulacro dissertatio. *Romæ*, 1771, in-4, cart. fig.

469. I Riti funebri di Roma pagana, descritti da Francesco Eug. Guasco, accad. etrusco, con le note del cardinale Dom. Orsini. *In Lucca*, 1758, in-4, cart.

470. Inscriptiones antiquæ, græcæ et romanæ, quæ visuntur Florentiæ in Museo Etruriæ ducis, cura et studio Ant. Gorii. *Florentiæ*, 1727, in-fol. vélin, figures.

471. Museo Capitolino, o sia descrizione delle statue, urne, iscrizioni ed altre ammirabili antichità, che si custodiscono nel palazzo vicino alla chiesa d'Araceli in Campidoglio. *Roma*, 1750, in-4, cart.

472. Marmora Taurinensia, notis illustrata (ediderunt Ant. Rivautella et P. Ricolvi) *Aug.-Taurinorum*, 1743, 2 part. en 1 vol. in-4, *planches et inscriptions*.

473. Dichiarazione degli antichi marmi Modenesi, con le notizie di Modena al tempio dei Romani. *Modena*, 1828, in-8, br. 2 pl.

474. Indicazione dei principali monumenti antichi del museo Estense del Catajo. *Modena*, 1842, in-8, br.

475. Delle antiche Statue greche e romane che nella libreria di San Marco si trovano (da Girol. ed Aless. Zanetti). *Venezia*, 1740, 2 vol. gr. in-fol. v. éc. dent. tr. d. 100 pl. et le texte accomp. d'encadrements variés

476. Raccolta di sarcofagi, urne ed altri monumenti di scultura del Campo Santo di Pisa, intagliati da Paolo Lasinio. *Pisa*, 1814, gr. in-4, d. vél. n. r. 157 pl.

477. Collezione di tutte le antichità che si conservano nel museo Naniano di Venezia. *Venezia*, 1815, in-fol. demi-rel. 417 *sujets gravés*.

478. Recueil de 50 planches représentant les statues, bustes et inscriptions, contenus dans le musée de Mgr Trevisani, évêque de Vérone, dont le portrait se trouve en tête du volume. 1 vol. in-fol. demi-rel.

479. Recueil de statues et bustes antiques conservés dans le musée de Francesco Trevisano, noble Vénitien et évêque de Vérone. *S. d.* gr. in-fol. cart. n. r. 50 *pl. et le portr. du possesseur.*

480. Marmi eruditi, ovvero lettere sopra alcune antiche iscrizioni, opera postuma del conte S. Orsato. *Padova*, *Comino*, 1719, in-4, vélin, portrait.

481. Recueil de fragments de sculpture antique en terre cuite (par Séroux d'Agincourt). *Paris*, *Treuttel*, 1814, gr. in-4, d. maroq. r. n. r. 37 *planches et le portrait de l'auteur.*

482. Choix de terres cuites antiques du cabinet de M. de Janzé, avec un texte explicatif par M. J. de Witte, membre de l'Institut. *Paris*, *Firmin Didot*, 1857, 44 *pl. photogr. par Laverdet*, gr. in-fol. cartonné.

483. Osservazioni di E. Q. Visconti, sopra un antico cammeo rappresentante Giove Egioco. *Padova*, 1793, gr. in-4, demi-rel.

Gravure de Raphaël Morgen.

484. Ficoronii Gemmæ antiquæ litteratæ, aliæque rariores. *Romæ*, 1757, in-4, vélin, 26 pl.

485. Prodromus iconicus sculptilium gemmarum Basilidiani, atque talismani generis, de musæo Ant. Capelli, senatoris Veneti. *Venetiis*, 1702, in-fol. demi-rel. 44 *pl.*

486. Peintures antiques et inédites de vases grecs, tirées de diverses collections, avec des explications, par Millingen. *Rome*, *de Romanis*, 1813, gr. in-fol. papier vélin, demi-rel. n. r. 60 planches.

487. Dissertazione intorno ad una pittura greco-antica che rappresenta sopra un vaso Alceo e Safo; di Ant. de Steinbuchel. Versione dalte desco. *Padova*, 1824, gr. in-8, br. 5 *pl.*

488. Scarabées égyptiens, figures du musée des antiques de Vienne. *Vienne*, 1824, in-4, br. 8 *p. et* 4 *gr. planches.*

489. Mauri Sartii de veteri casula diptycha dissertatio. *Faventiæ*, 1753, in-4, cart. fig.

490. Osservazioni sopra alcuni frammenti di vasi di vetro ornati di figure, trovati nei cimiteri di Roma, da Fil. Buonarruoti. *In Firenze*, 1716, in-fol. vélin, 35 *pl.*

491. Le Maschere sceniche e le figure comiche d'antichi romani, descritte da Fr. Ficoroni. *In Roma*, 1736, in-4, v. fauve, 84 *pl.*

492. Bayfii Tractatus de re navali. *Basileæ*, *Froben*, 1541, in-4, cart. *fig. en bois.*

493. Annales archéologiques dirigées par Didron. *Paris*, 1844-47, 4 vol. in-4, demi-rel. fig.

494. Collection de M. Raifé. Antiquités, monnaies et médailles. *Paris*, *Rollin*, 1867, in-8, br. — Catalogue des tableaux du musée de Grenoble, 1844, in-8, br. etc., 3 vol.

495. De Cruce Vaticana, ex dono Justini Augusti, commentarius, autore Stephano Borgia; accedit ritus salutationis crucis in ecclesia Antiochena Syrorum servatus. Syriace et lat. *Romæ*, 1779, in-4, gr. papier, v. fil.

496. Il Sepolcro di Winckelman in Trieste, colla sua monografia ed una tavola di tutta l'opera. *Venezia*, 1827, in-4, br. *fig. et portraits.*

497. Médailles du cabinet du roi. 89 pl. gr. in-fol. v. m. fil. tr. d. (*Aux armes de France.*)

498. J. Seldeni liber de nummis. *Lond.*, 1675, pet. in-4, vélin. — Thesaurus numismatum, e musæo Car. Patini. *Amstelod.*, 1672, in-4, cart. fig.

499. Thesaurus numismatum antiquorum et recentiorum, autore Carolo Patin. *Venetiis*, 1683, pet. in-4, fig. demi-rel.

500. Notice sur les médaillons romains en or du musée de Vienne, trouvés en Hongrie, en 1797 et 1805, par Steinbuchel. *Vienne*, 1826, in-4, br. 5 *pl.*

501. Scelta di medaglioni rari nella bibliotheca del cardinale G. Carpegna. *Roma*, 1679, in-4, fig. vél.

502. Delle Medaglie e monete esistenti nel museo della università di Ferrara, che furono dirubate e quindi restituite nel 1788, memoria di Leopoldo Bertoldi. *Ferrara*, 1789, in-4, vélin, n. r.

503. Descrizione di alcune monete cufiche del museo di Stefano de Mainoni. *Milano*, 1820, gr. in-4, p. vélin, cart. fil. 3 *pl.*

504. Selectiora Numismata, ex museo Francisci de Camps per D. Vaillant illustrata. *Parisiis*, 1695, in-4, fig. vélin.

505. Description des médailles grecques composant le cabinet de M. Prosper Dupré, 1867. — Notice d'une collection de vases antiques du prince de Canino. P. 1843. — La rarità delle medaghie antiche indicata. — Repertorio di Meneghetti, etc Ensemble 10 br. in-8.

506. Description des médailles grecques et des monnaies françaises, composant la collection de J. Gréan, par Henri Cohen. *Paris, Pillet*, 1867, 2 vol. gr. in-8, br. 8 planches.

www.ingramcontent.com/pod-product-compliance
Ingram Content Group UK Ltd.
Pitfield, Milton Keynes, MK11 3LW, UK
UKHW031953260826
14628UKWH00005B/2029

9 782329 503547